iPod + iTunes

Dritte Auflage

von Yvin Hei und Pieter van Groenewoud

übersetzt von Alexandra Brodmüller-Schmitz

W0196301

Markt+Technik

Bibliografische Information Der Deutschen Bibliothek
Die Deutsche Bibliothek verzeichnet diese Publikation in der Deutschen
Nationalbibliografie; detaillierte bibliografische Daten sind im Internet
über <http://dnb.ddb.de> abrufbar.

Die Informationen in diesem Produkt werden ohne Rücksicht auf einen
eventuellen Patentschutz veröffentlicht.
Warennamen werden ohne Gewährleistung der freien Verwendbarkeit benutzt.
Bei der Zusammenstellung von Texten und Abbildungen wurde mit größter
Sorgfalt vorgegangen.
Trotzdem können Fehler nicht vollständig ausgeschlossen werden.
Verlag, Herausgeber und Autoren können für fehlerhafte Angaben
und deren Folgen weder eine juristische Verantwortung noch
irgendeine Haftung übernehmen.
Für Verbesserungsvorschläge und Hinweise auf Fehler sind Verlag und
Herausgeber dankbar.

Autorisierte Übersetzung der Niederländischen Originalausgabe
iPod + iTunes, ISBN 978-90-430-1421-2

Umwelthinweis:
Dieses Buch wurde auf chlorfrei gebleichtem Papier gedruckt.

10 9 8 7 6 5 4 3 2 1

09 08 07

ISBN 978-3-8272-4235-8

© 2007 by Markt+Technik Verlag,
ein Imprint der Pearson Education Deutschland GmbH,
Martin-Kollar-Straße 10–12, D-81829 München/Germany
Alle Rechte vorbehalten
Lektorat: Boris Karnikowski, bkarnikowski@pearson.de
Herstellung: Philipp Burkart, pburkart@pearson.de
Übersetzung: Alexandra Brodmüller-Schmitz, die-wortwerker.de
Korrektorat: Petra Kienle, Fürstenfeldbruck
Coverkonzept: Sabine Mannel / Neon, Amsterdam
Satz: text&form GbR, Fürstenfeldbruck
Druck und Verarbeitung: Druckerei Wilco, Amersfoort, NL
Printed in the Netherlands

◉ Inhalt

⊙ Einleitung

In den siebziger Jahren feierte der Walkman große Erfolge. Vor dieser Zeit war es unmöglich, immer und überall Musik zu hören. Es entstand ein neues Phänomen, überall liefen Menschen mit Kopfhörern herum. Der Walkman war hip. Weltweit wurden Millionen Walkmen verkauft. Als jedoch Ende der achtziger Jahre die Audio-CD auf den Markt kam, erkannten immer mehr Menschen die Vorteile digitaler Musik. Die Klangqualität ist hervorragend und der gewünschte Titel kann mühelos und schnell ausgewählt werden. Das bei Kassetten nötige Spulen gehörte damit der Vergangenheit an. Allerdings waren tragbare CD-Spieler teuer und hatten den Nachteil, dass es bei Erschütterungen zu Sprüngen in der Musik kam. Zudem waren die Geräte ziemlich groß und unhandlich.

Seit Einführung der CD 1981 versuchten verschiedene Hersteller, neue Tonträger zu entwickeln. So gab es DAT, DCC und MiniDisc. Keinem davon gelang der Durchbruch. Ende der neunziger Jahre gab es immer schnellere Internetverbindungen. Diese ermöglichten es, auch größere Datenmengen schnell über das Internet auszutauschen. Dank der MP3-Kompressionstechnik, die digitale Musikdaten auf ein Zehntel verkleinerte, erfreute sich Musik im Internet zunehmender Beliebtheit. Die Gewinne der Plattenfirmen gingen zurück, weil immer mehr Musik via Internet (illegal) ausgetauscht wurde. Die CD war nun kein Medium mehr, für das man in den Laden ging.

1962	Bell System beginnt mit der ersten digitalen Telefonübertragung.
1972	Nippon Columbia Company nimmt erstmals digitale Mastertapes auf.
1979	Der Walkman von Sony ist der erste tragbare Musik-Player.
1982	52nd Street von Billy Joel ist das erste auf CD veröffentlichte Album.
1988	Zum ersten Mal werden mehr CDs als LPs verkauft.
1989	Das Patent für MP3-Datenkompression wird beantragt.
1990	Einführung des DAT-Recorders (Digital Audio Tape)
1996	Das Fraunhofer-Institut stellt einen MP3-Encoder und -Spieler für Windows vor.
1999	Napster und andere Internetdienste ermöglichen den Austausch von MP3-Dateien.
2001	Apple bringt den iPod heraus. Die ersten CDs mit umstrittenem Kopierschutz erscheinen.
2003	Der iTunes Store wird in den USA eingeführt.
2005	Apple stellt iTunes 6 vor, das den Download von Videos gegen Bezahlung ermöglicht (vorerst nur in den USA).
2006	Apple stellt iTunes 7 vor.

Anfang 2001 stellt Apple den iPod vor – einen neuen tragbaren Musik-Player, bei dem die Musik auf einer eingebauten Festplatte gespeichert ist. Auf dem iPod lassen sich extrem viele Titel speichern. Je nach Modell können das derzeit bis zu 20.000 Titel sein. Unmittelbar nach der Einführung des iPod war für Apple klar, dass dieser ein Erfolg sein würde. Seither hat sich viel verändert. Plattenfirmen erkannten eine neue Entwicklung: den Verkauf von Musik über das Internet. Seitdem können Sie über das Internet legal Musik erwerben, unter anderem im iTunes Store, dem Online-Musikvertrieb, in dem Sie Musik kaufen und diese direkt auf Ihren iPod übertragen können.

Da die Internetverbindungen derzeit schneller sind als je zuvor, sieht Apple eine große Zukunft für Videos. Auf iPods der fünften Generation können neben Musik auch Fotos und Videos wiedergegeben werden. Mittlerweile lassen sich Videos und Fernsehprogramme aus dem iTunes Store herunterladen. Da nicht mehr nur Musik in Apples Online-Vertrieb gekauft werden kann, wurde der Name Ende 2006 von iTunes Music Store in iTunes Store geändert.

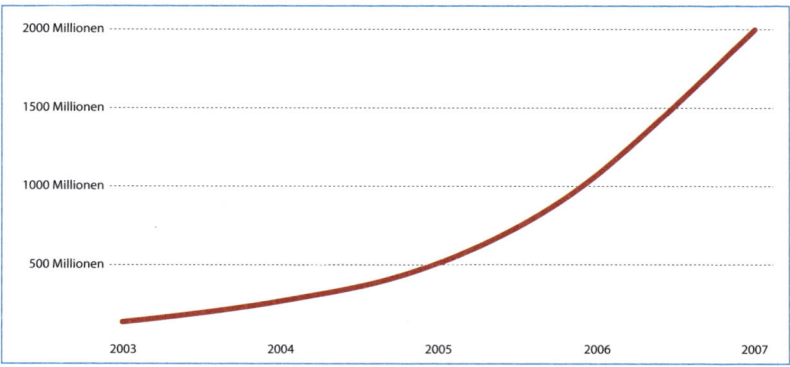

Anzahl verkaufter Titel aus dem iTunes Store (Quelle: www.apple.com)

Seit der Einführung des iPod wurden weltweit Millionen iPods verkauft. Die meisten dieser iPod-Nutzer kennen allerdings nur einen Bruchteil seiner Möglichkeiten. In diesem Buch erläutern wir so viele Funktionen des iPod wie möglich, sodass Sie in Zukunft noch mehr Spaß an Ihrem iPod haben. In den folgenden Kapiteln erfahren Sie alles über den iPod. Außerdem wird das Programm iTunes behandelt, welches Sie zum Übertragen von Musik von Ihrem Computer auf den iPod verwenden. Vom Importieren von Titeln bis zum Erstellen von Podcasts: Mit diesem Buch werden Sie keine unangenehmen Überraschungen erleben.

iTunes ist kein einzelnes Programm. Arbeiten Sie auf einem Mac, kennen Sie wahrscheinlich das Programmpaket iLife. Diese Programme, die mit jedem neuen Apple-Computer ausgeliefert werden, sind eng miteinander verbunden. So ist es z.B. möglich, die Musik in iTunes direkt von iMovie und iDVD aus aufzurufen, den Programmen, mit denen Sie Filme und DVDs erstellen. Wenn Sie iPhoto verwenden, um eine schöne *Slideshow* Ihrer digitalen Fotos zu erstellen, sorgt iTunes für die musikalische Untermalung.

Quicktime ist ebenfalls sehr wichtig für iTunes und von Apple für die Wiedergabe von Audio und Video entwickelt. Quicktime sitzt praktisch unter der Motorhaube von iTunes. Haben Sie Quicktime noch nicht auf Ihrem Computer installiert, geschieht dies automatisch bei der Installation von iTunes.

Worauf Sie in diesem Buch achten sollten

Das Programm iTunes ist sowohl für Mac- als auch für Windows-Anwender gedacht. Trotz der Unterschiede zwischen den beiden Plattformen ist iTunes unter Mac und unter Windows sehr ähnlich. Manche Menüs sind allerdings auf einem Windows-Rechner anders als die auf dem Mac. So heißt der Befehl zum Exportieren der Bibliothek auf dem Mac **Auf Sicherungsmedium sichern** und unter Windows **Sicherheitskopie auf Speichermedium**. Kein großer Unterschied, aber um Missverständnissen vorzubeugen, haben wir in diesem Buch Menübefehle für den Mac mit (M) und Befehle aus der Windows-Version von iTunes mit (W) gekennzeichnet.

Um anzuzeigen, dass ein Befehl Bestandteil eines bestimmten Menüs ist, verwenden wir in diesem Buch eine spezielle Darstellung. Anstelle von "Wählen Sie den Befehl **Bibliothek exportieren** aus dem Menü **Ablage**" haben wir uns für die kürzere Variante **Ablage/Bibliothek exportieren** entschieden. Zur Hervorhebung werden sowohl die Menüüberschriften als auch die enthaltenen Befehle fett formatiert dargestellt.

Die neueste Version von iTunes

iTunes ist auf jedem neuen Mac standardmäßig vorinstalliert und kann unter www.apple.com/itunes gratis heruntergeladen werden. Die Befehle, Funktionen und Abbildungen in diesem Buch beziehen sich auf iTunes Version 7. Verfügen Sie nicht über diese iTunes-Version, sondern über eine ältere, können Sie die neueste iTunes-Version über die Apple-Website herunterladen (siehe dazu weiter unten eine ausführlichere Erläuterung).

Da iTunes häufig um neue Funktionen erweitert wird, werden diese Neuerungen in Form von Updates angeboten. Sobald eine neue Programmversion verfügbar ist, erhalten Sie eine Meldung darüber. Folgen Sie den Anweisungen auf dem Bildschirm, um die neueste Version von iTunes herunterzuladen und zu installieren.

Beachten Sie: Für den Download von Musik und Videos wird eine schnelle Internetverbindung benötigt. DSL- oder Kabelinternet werden empfohlen. Eine Musikdatei kann leicht einige MB groß sein. Das Herunterladen großer Dateien über eine analoge Internetverbindung würde sehr lange dauern.

iTunes installieren

Nachdem Sie die neueste Version von iTunes heruntergeladen haben, führen Sie einen Doppelklick auf das Installationsprogramm aus. Die Installation von iTunes ist selbst erklärend. Mit anderen Worten: Ein Installationsassistent führt Sie in einigen einfachen Schritten durch den Prozess. Auch Quicktime wird, sofern auf Ihrem Computer noch nicht vorhanden, automatisch installiert.

Wenn Sie iTunes zum ersten Mal starten (nachdem Sie die Lizenzvereinbarung gelesen und dieser zugestimmt haben), werden bereits auf der Festplatte Ihres Computers vorhandene Musikdateien automatisch übernommen.

iTunes übernimmt während der Installation automatisch Musikdateien, die sich bereits auf dem Computer befinden.

In der Windows-Version von iTunes werden sogar WMA-Dateien (vom Windows Media Player) in das AAC-Format konvertiert, das Format, das der iPod versteht. WMA-Dateien können vom iPod nicht wiedergegeben werden.

Unterschiede zwischen Mac und Windows

Auch wenn die Unterschiede zwischen iTunes für den Mac und für Windows geringfügig sind, ist es nützlich, diese zu kennen. Die Abbildungen in diesem Buch wurden hauptsächlich auf dem Mac erstellt, wobei sich die Windows-Version kaum davon unterscheidet. Die Menübefehle befinden sich in iTunes für Windows im Fenster selbst, auf dem Mac dagegen immer am oberen Bildschirmrand. Die Schaltflächen zum Minimieren, Maximieren und Schließen eines Fensters finden Sie beim Mac links oben und unter Windows rechts oben. Zudem sehen einige Schaltflächen etwas anders aus, sie befinden sich im Allgemeinen jedoch an derselben Position in einem Fenster.

1

Der iPod

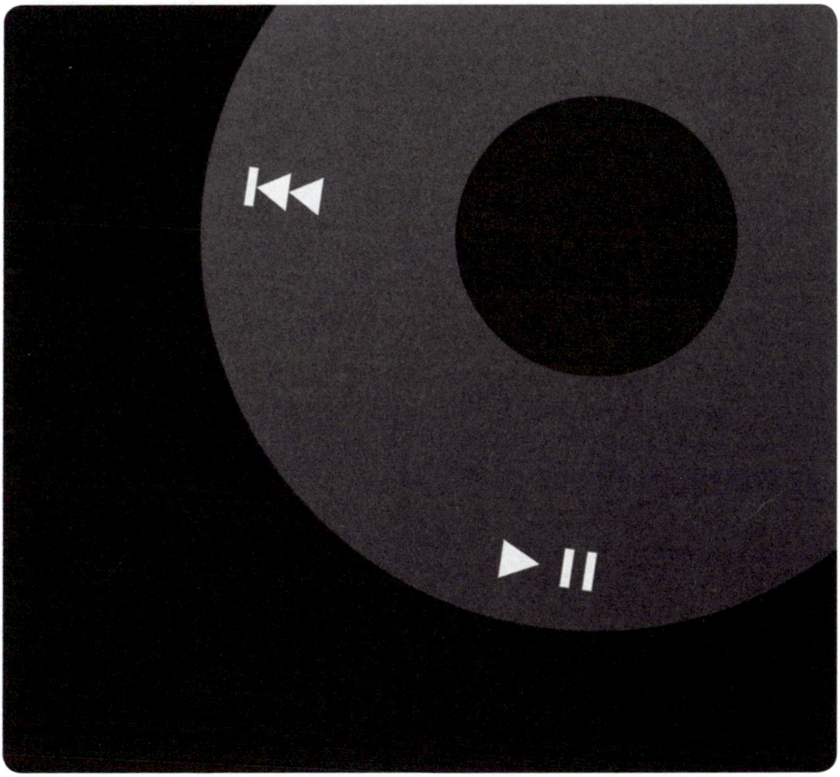

Er ist hip, sieht schick aus und ist zudem sehr praktisch. Wo und wann immer Sie möchten, können Sie damit Musik hören. Natürlich geht es um den iPod von Apple. Auf der Straße sieht man immer häufiger die typischen weißen Kopfhörer. Die Einführung des iPod machte Discman, Walkman und alle anderen tragbaren Abspielgeräte überflüssig. Dank der großen Speicherkapazität (Sie können derzeit bist zu 20.000 Titel auf einem iPod speichern) und des Benutzerkomforts, den Apple mit iTunes bietet, ist der iPod die Ikone der zeitgenössischen digitalen Medienwelt geworden.

Dank des iPod und einem Computer, auf dem iTunes installiert ist, haben zahlreiche Menschen ihre Musiksammlung neu entdeckt. Musik spielt in unserem Leben wieder eine viel größere Rolle. Durch die Integration von iPod und der heimischen Stereoanlage bzw. dem Auto hören wir überall unsere Lieblingstitel und nehmen große Mengen an Musik für unterwegs mit.

Obschon der Musik-Player von Apple immer iPod genannt wurde und wird, ist der Player seit seiner Einführung im Oktober 2001 deutlich verändert worden. Mehr Speicherkapazität sowie neue Funktionen, wie z.B. die Wiedergabe von Videos oder Internetradio, führten dazu, dass es inzwischen schon etwa zwanzig verschiedene iPod-Modelle gibt. Dieses Kapitel bietet eine Übersicht über die verschiedenen iPod-Modelle, die Apple in den letzten Jahren auf den Markt gebracht hat.

◉ Die alten iPods

Zunächst finden Sie im Folgenden die in den letzten Jahren veröffentlichten iPods von Apple in chronologischer Reihenfolge. Ab Seite 15 ist das aktuelle Sortiment beschrieben. Auf Seite18 befindet sich eine praktische Übersicht aller bisher erschienenen iPods.

Die iPods der ersten Generation

Im Oktober 2001 kam der erste iPod auf den Markt. Auf der Festplatte konnten 5 GB Musik gespeichert werden. Das entspricht in etwa 1000 Songs, für die damalige Zeit eine beachtliche Menge. Um Musik auf den iPod zu übertragen, benötigte man ein FireWire-Kabel. Der erste iPod war nur mit Macintosh-Systemen nutzbar. Windows-Benutzer mussten sich noch etwas gedulden. Dank der treuen Apple-Benutzer wurde der iPod jedoch schnell zu einem großen Erfolg.

Die iPods der zweiten Generation

Im März 2002 brachte Apple zwei neue iPods heraus. Die Festplatte wurde auf 10 GB und kurz darauf sogar auf 20 GB vergrößert. Es waren zwei Versionen erhältlich: ein Modell, das nur mit dem Mac funktionierte, und ein Modell für

Windows. Die Tatsache, dass Apple seine Produkte für die Windows (PC)-Plattform verfügbar machte, war ein wichtiger Schritt. Apple hatte sich nämlich immer gegen Microsoft Windows gesträubt. Indem der iPod für Windows-Benutzer nutzbar wurde, verlor er an Exklusivität. Letztlich war es für Apple jedoch ein sehr guter Schritt. Da Windows weltweit das meist verwendete Betriebssystem ist, wurden ab diesem Zeitpunkt wesentlich mehr iPods verkauft. Der Bekanntheitsgrad stieg enorm und Apple schrieb von diesem Moment an keine roten Zahlen mehr. Manche Stimmen behaupteten, dass der iPod Apple vor dem Untergang gerettet habe.

© Apple

Der iPod der zweiten Generation ist dem der ersten Generation äußerlich gleich.

Die iPods der dritten Generation

Die iPods der dritten Generation wurden im April 2003 vorgestellt. Der iPod bekam ein völlig neues Design. iPods der dritten Generation sind an den vier kleinen runden Knöpfen zu erkennen, die sich unter dem Bildschirm befinden. Das Topmodell wurde mit einer 40 GB-Festplatte ausgestattet, auf der etwa 10.000 Titel gespeichert werden können. Im Laden musste man sich nicht mehr zwischen einem iPod für Mac oder für PC entscheiden. Jedes Modell arbeitete ab diesem Zeitpunkt sowohl mit Macs als auch mit PCs.

Bei den iPods der dritten Generation waren die wichtigsten Knöpfe (Wiedergabe/Pause, Vorwärts, Zurück und Menu) oberhalb des *Scrollrads* angeordnet. Der iPod ließ sich mit einer sanften Berührung bedienen. Die Knöpfe reagierten nur auf Fingerkontakt und nicht auf andere Objekte wie die Schutzhülle. Die Technologie ist dieselbe wie die eines Touchpad auf einem Notebook. Darauf können Sie durch Fingerbewegungen den Cursor auf dem Bildschirm steuern.

Der iPod der dritten Generation mit dem neuen Scrollrad

© Apple

Der iPod mini

Der iPod mini erschien im Januar 2004 und war (wie der Name bereits vermuten lässt) kleiner als alle bisher herausgebrachten iPods. Er war in verschiedenen Farben erhältlich: Silber, Grün, Gold, Blau und Pink. Der iPod mini erfreute sich vor allem bei Frauen großer Beliebtheit. Er war anfangs nur mit einer 4 GB-Festplatte erhältlich, später hatte man die Wahl zwischen 4 GB und 6 GB. Zudem waren die Akkulaufzeit verbessert und die fröhlichen Farben etwas kräftiger. Der iPod mini enthält ein so genanntes Microdrive, eine äußerst kleine Festplatte. Zusätzlicher Vorteil ist, dass die Festplatte sehr stoßfest ist. Hierdurch war der iPod mini auch bei Joggern beliebt. Im ClickWheel sitzen auch die Menütasten. Durch federleichtes Berühren dieser Tasten kann man durch das Menü navigieren. An der Unterseite befindet sich der Dock-Anschluss. Hier können Sie die optionale Basisstation (Dock) oder anderes Zubehör anschließen. Das Dock stellt einen Bürostandard dar, der zur Stromversorgung, zur Synchronisation mit dem Computer oder zum Anschließen einer Stereoanlage dienen kann. An den iPod mini können nicht alle Zubehörteile angeschlossen werden. Einige sind den größeren (und teureren) iPods vorbehalten. Es ist z.B. nicht möglich, einen Mediareader oder ein Diktiergerät an den iPod mini anzuschließen.

Der iPod mini in vier fröhlichen Farben und Silber

Die iPods der vierten Generation

Kurz nach Einführung des iPod mini kamen die iPods der vierten Generation auf den Markt, was der Geschäftsführer von Apple, Steve Jobs, in einem Interview mit Newsweek ankündigte. Die bei den iPods der dritten Generation vorhandenen vier Knöpfe waren verschwunden. Auch diese iPods wurden mit dem Click Wheel bedient, das wir bereits vom iPod mini kannten. Die iPods der vierten Generation waren mit 20 und 40 GB erhältlich. Zu dieser Zeit waren iPods immer weiß, was sich mit dem Erscheinen des U2 iPod, einer *Special Edition,* die nach der bekannten irischen Popgruppe benannt ist, änderte. Dieser iPod war sehr auffallend, weil er in schwarz erschien und auf der Rückseite die Unterschriften der Bandmitglieder eingraviert warwn. Abgesehen von der Farbe und dem höheren Preis unterschied sich der U2 iPod nicht vom normalen iPod mit 20 GB.

Der iPod der vierten Generation mit einem ClickWheel

© Apple

Der iPod photo

Im Herbst 2004 wird der iPod photo weltweit vorgestellt. Er hat ein vollwertiges Farbdisplay, das neben dem Musikhören auch das Betrachten von Fotos auf dem iPod ermöglicht. Damit können Sie jederzeit auf Ihre Fotos zugreifen und ganze Diashows auf dem iPod betrachten. Sie können Ihre Fotobibliothek aus iPhoto (M), Photoshop Elements (W), Photoshop Album oder dem Verzeichnis Eigene Bilder mit dem iPod photo synchronisieren. Die Speicherkapazität wurde immer größer, der iPod photo war mit 20, 30, 40 und sogar 60 GB erhältlich.

© Apple

Der erste iPod mit Farbdisplay. Nehmen Sie jetzt auch Ihre Fotos mit!

iPod shuffle

Der iPod shuffle war nach seiner Einführung Anfang 2005 der meistgekaufte iPod im Sortiment von Apple. Er sieht aus wie ein Päckchen Kaugummi. Dieser iPod hat kein Display und verdankt seinen Namen der Tatsache, dass Sie eigentlich nicht wissen, welcher Titel gerade läuft. Man kann den iPod nämlich so einstellen, dass alle Songs durcheinander gemischt und in dieser Reihenfolge wiedergegeben werden (Shuffle-Status). So ist es immer überraschend, welchen Titel man zu hören bekommt. Die Musik wird einfach auf den iPod übertragen, indem Sie diesen mit einem USB-Anschluss Ihres Computers verbinden. Das Einstiegsmodell hatte eine Speicherkapazität von 512 MB, ein weiteres Modell verfügt mit 1 GB über doppelt so viel Speicherplatz. Der iPod shuffle ist wegen seines äußerst geringen Gewichts und der Verwendung eines sogenannten *Flashdrive* (ein Flash-basierter Speicher) vor allem bei sportlichen Menschen beliebt. Das heißt, der Speicher im iPod shuffle enthält keine beweglichen Teile und ist damit absolut unempfindlich für Erschütterungen.

Der kleine iPod shuffle

© Apple

iPod nano

Der iPod nano ist der flachste und leichteste iPod aller Zeiten. Der iPod ist so klein, dass man sich fragt, wie es möglich sein kann, dass er so viel Musik speichern kann. Beim iPod nano hat Apple eine Speichertechnik eingesetzt, die wir vom iPod shuffle kennen. Dank dieser Technologie ist der iPod nicht nur hauchdünn geworden, sondern er hat den zusätzlichen Vorteil, dass er bei der Wiedergabe nicht springen kann. Dadurch, dass der iPod nano so dünn ist, ist er allerdings auch besonders empfindlich. Apple hat dadurch für (negative) Schlagzeilen gesorgt, außerdem soll der iPod zu leicht verkratzen. Apple gab diesen Fehler mehr oder weniger zu. Daher wurde der iPod nano bald mit einer Schutzhülle ausgeliefert, wodurch er weniger schnell verkratzt. Dank des kleinen, aber feinen Farbdisplay können auch Fotos betrachtet werden. Der iPod nano war in Weiß und Schwarz erhältlich. Man konnte zwischen einer Speicherkapazität von 2 GB und 4 GB wählen.

© Apple

Der superflache iPod nano

● Die neuen iPods

Apple bringt in regelmäßigen Abständen neue iPod-Modelle heraus – einerseits, um der Konkurrenz voraus zu sein, andererseits, um Innovationen und neue Technologien in das Sortiment zu integrieren. Mit der Einführung neuer iPods wird die Produktion älterer Modelle der iPod-Linie meist eingestellt. Daher sind ältere iPods ab der Einführung eines neuen Modells in den Läden und im Internet nicht mehr erhältlich. Nachfolgend finden Sie eine Übersicht der aktuellen Modelle. Natürlich können in der Zwischenzeit bereits neuere Modelle herausgekommen sein, so schnell kann's gehen!

iPod shuffle der zweiten Generation

Bei den meisten iPod-Modellen kommt von Zeit zu Zeit eine neuere Version auf den Markt, so auch beim iPod shuffle. Das neue Modell ist sogar noch viel kleiner als das vorherige. Durch den integrierten Clip kann man den iPod shuffle direkt an der Kleidung befestigen. Ebenso wie das Vorgängermodell hat die neue Version immer noch kein Display. So bleibt es also überraschend, welcher Titel abgespielt wird. Es wird ein kleines Dock mitgeliefert, um den iPod shuffle über USB an den Computer anzuschließen. Auf den neuen iPod shuffle passt 1 GB Musik, was in etwa 200 Songs entspricht. Der iPod shuffle ist in den gleichen fröhlichen Farben erhältlich, die wir vom iPod mini aus dem Jahr 2004 kennen.

© Apple

Der neue iPod shuffle in tatsächlicher Größe

Der iPod nano der zweiten Generation

Auch aus dem iPod nano machte Apple ein völlig neues Modell. Dieses hat nun ein Gehäuse aus Aluminium, was der Kratzbeständigkeit absolut zugute kommt. Durch das Alugehäuse konnte Apple den iPod nano in verschiedenen Farben herausbringen. Insofern erinnert der iPod nano stark an den iPod mini. Die Batterielaufzeit wurde auf bis zu 24 Stunden verlängert, womit der iPod nano die längste Laufzeit von allen iPod-Modellen bietet. Zudem ist das Display etwas heller, was das Betrachten von Fotos selbst auf dem kleinen Display zu einem wahren Genuss macht. Dank neuer iPod-Software ist es nun auch möglich, Musik wiederzufinden, indem der Name eines Titels oder des Interpreten per Click Wheel eingegeben wird.

© Apple

Der neue iPod nano in den Farben, die wir vom iPod mini kennen

Der iPod der fünften Generation

Wenn Sie viel speichern möchten, landen Sie automatisch beim großen iPod, der aktuell in der fünften Generation vorliegt. Neben Musik können Sie auf diesem Modell Fotos und Videos (!) betrachten. Der iPod hat ein großes, helles Farbdisplay. Wenn Sie Videos wiedergeben möchten, können Sie mit dem mitgelieferten Programm iTunes MPEG4-Videodateien auf den iPod übertragen. Sogar ganze DVDs lassen sich auf den iPod bringen. Natürlich können Sie auch Ihre Fotosammlung auf dem iPod betrachten. Dank der neuen Software lassen sich sogar anspruchsvolle Spiele wie Poker, Tetris und Sudoku auf dem iPod spielen. iPods der fünften Generation sind in Schwarz oder Weiß und mit einer Festplatte von 30 GB oder 80 GB erhältlich.

Der iPod der fünften Generation hat ein größeres Farbdisplay und ist noch flacher als der iPod photo.

© Apple

iPhone

Nach jahrelangen Spekulationen war es Anfang Januar 2007 endlich so weit: Apple stellte das iPhone vor – ein iPod, der nicht nur für Musik gemacht ist, sondern mit dem man auch telefonieren und sogar ins Internet gehen kann. iPod-Fans sahen dieses *gadget* nur allzu gerne, denn mit dem iPhone müssen sie tatsächlich nur ein Gerät einpacken, um alles Mögliche damit tun zu können.

Das iPhone sieht wie ein iPod aus, der große Unterschied besteht jedoch darin, dass das Display fast die gesamte Vorderseite des Geräts einnimmt. Eine Tastatur oder ein Scrollrad fehlen. Dank einer neuen Technologie, die Apple *Multi-touch* nennt, ist es möglich, das gesamte Telefon zu bedienen, indem man das Display mit dem Finger berührt oder darüber zieht.

Durch eine vollständige Integration mit dem Mac können Sie Adressen, Kalenderdaten, Fotos und Musik synchronisieren. Da das iPhone drahtlose Datenübertragung unterstützt, kann man an sogenannten *Hotspots* ins Internet gehen und seine E-Mails lesen. Zudem finden Sie im iPhone eine kleine Kamera mit zwei Megapixel zum Fotografieren und das Programm *Google Maps* ist installiert. Das weist Ihnen z.B. den Weg zum nächsten Restaurant oder Hotel.

Als Erscheinungstermin für das iPhone in Deutschland wird Ende Oktober 2007 angenommen, der Preis soll mit Vertrag bei 450 € liegen. Für den echten Apple-Freak natürlich ein Muss, auch wenn noch etwas Geduld gefordert ist. Behalten Sie die Website von Apple im Auge: www.apple.com/de/iphone.

Mit dem iPhone können Sie mit einem iPod auch telefonieren und ins Internet gehen.

© Apple

◉ Die Entwicklung der iPods

2001

1. Generation iPod

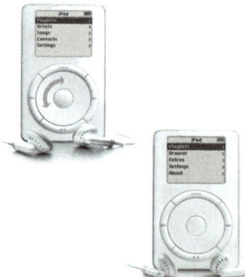

2002

2. Generation iPod

2003

Eröffnung des iTunes Music Store
3. Generation iPod

2004

iPod mini
4. Generation iPod

iPod photo

2005

iPod shuffle

1. Generation iPod nano
5. Generation iPod

2006

2. Generation iPod shuffle
2. Generation iPod nano

2007

iPod nano (PRODUCT) RED

iPhone

2008

Jonathan Ive

Sie haben den Namen Jonathan Ive wahrscheinlich noch nie gehört. Dieser Mann spielt jedoch eine wichtige Rolle für den iPod. Jonathan Ive hat nämlich den iPod entworfen. Der Engländer ist 1967 geboren und war bereits in jungen Jahren von Design fasziniert. Anfang der neunziger Jahre begann er, für Apple zu arbeiten. Die meisten seiner Entwürfe landeten damals in der Schublade. Als Steve Jobs 1997 das Ruder übernahm, erhielten seine Entwürfe jedoch eine Chance. Von diesem Zeitpunkt an wurde für die Außenwelt deutlich sichtbar, dass Apple einen neuen Weg einschlug. Die Computer sahen revolutionär aus und waren nicht mit der Konkurrenz zu vergleichen. Die von Jonathan Ive entworfenen Computer waren nicht, wie bis dahin üblich, grau oder beige, sondern in auffälligen Farben wie Rosa oder Grün erhältlich. 2001 entwickelte Jonathan Ive den ersten iPod. Da der iPod ein sehr großer Erfolg wurde, folgten immer mehr neue iPod-Modelle in schnellem Tempo. Jedes Mal war Jonathan Ive für den Entwurf verantwortlich.

Im Januar 2006 wurde Jonathan Ive zum Ritter geschlagen. Die britische Königin ernannte ihn zum Commander of the Most Excellent Order of the British Empire (C.B.E.). Dies ist der zweithöchste Ehrentitel in Großbritannien.

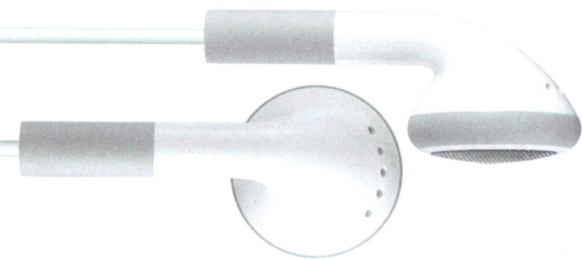

Weiße Kopfhörer

Ab der ersten Generation des iPod sind die Kopfhörer weiß. Einer der Gründe dafür ist die Farbe des iMac, dem Desktopcomputer von Apple. Als der iPod herauskam, waren diese Computer grundsätzlich weiß. Auch das iBook, der Laptopcomputer von Apple, war damals grundsätzlich weiß. Nur die professionelleren Computer von Apple, der PowerMac und das PowerBook, haben ein Aluminiumgehäuse und daher eine silbrige Farbe.

Die lustigen Farben des iPod mini haben wir dem noch älteren iMac zu verdanken. Der iMac G3 war vor 2001 in verschiedenen Farben erhältlich. Diese Idee wurde später beim iPod mini aufgegriffen.

Die neueste Generation iPods, der iPod nano und der iPod video, sind auch in Schwarz erhältlich. Allerdings sind das nicht die ersten iPods, die in Schwarz herauskamen. Im Herbst 2004 ging Apple mit einem iPod U2 Special Edition auf den Markt. Dieser iPod war schwarz und hatte ein rotes Click Wheel. Auf der Rückseite waren die Unterschriften der Bandmitglieder der bekannten irischen Band eingraviert.

Im Oktober 2006 brachte Apple einen iPod nano (PRODUCT) RED heraus. Der iPod ist komplett rot. Pro verkauftem Gerät (das 4 oder 8 GB speichert), spendet Apple 10 Dollar an die AIDS-Stiftung *Global Fund*, um im Kampf gegen AIDS in Afrika zu helfen. Mehrere große Firmen wie Motorola und American Express brachten rote Produkte für diesen guten Zweck heraus.

Der iPod U2 Special Edition und der iPod nano (PRODUCT) RED

Die Accessoires für den iPod sind jedoch immer weiß geblieben, so zum Beispiel die Kopfhörer, das Dock und die Kabel. Nur für die iPod U2 Special Edition gab es ein schwarzes Dock. Alle anderen (farbigen) iPods müssen mit weißen Zubehörteilen vorlieb nehmen.

2

iTunes im Überblick

MEDIATHEK

🎵 Musik

🎬 Filme

🖥 Fernsehsendungen

🎙 Podcasts

📡 Radio

iTunes ist eine so genannte *Jukebox*, das heißt, dass das Programm die Musik auf Ihrem Computer in der von Ihnen festgelegten Reihenfolge abspielen kann. Aber auch eine Wiedergabe in völlig willkürlicher Reihenfolge ist möglich. iTunes ist sowohl für den PC als auch für den Mac gratis unter www.apple.com/de/itunes/download erhältlich (weitere Informationen finden Sie auf Seite 138). Sie benötigen iTunes, um Musik auf Ihren iPod zu übertragen. Zudem ist iTunes besonders dazu geeignet, Audio-CDs in Dateien umzuwandeln, die der iPod wiedergeben kann, wie z.B. MP3 oder AAC. Auch wenn Sie keinen iPod besitzen, iTunes ist ein sehr praktisches und schönes Programm für Musikfans.

Mit den neueren Versionen von iTunes können wie mit dem iPod sogar Videos und Videoclips wiedergegeben werden, da immer mehr Anwender Filme und Clips aus dem Internet herunterladen. In diesem Kapitel erläutern wir die Basisfunktionen von iTunes, wie Sie Musik importieren, Musik sortieren und auf den iPod übertragen können.

Das iTunes-Fenster

Sobald Sie iTunes aufrufen, öffnet sich das Programm in einem einzigen Fenster. Links sehen Sie die Wiedergabelisten und rechts die Titel der gesamten Bibliothek oder einer bestimmten Wiedergabeliste. Der graue Bereich im oberen Teil des Fensters enthält die Steuerelemente für die Wiedergabe, den Lautstärkeregler, ein Informationsfeld mit dem aktuellen Titel, drei Tasten zur Anpassung der Darstellung und ein Suchfeld.

Das Fenster von iTunes ist übersichtlich. Links befinden sich die Wiedergabelisten und rechts die Titel.

Wiedergabe und Pause

Die Hauptfunktion eines Programms wie iTunes ist natürlich die Musikwiedergabe. Links oben im iTunes-Fenster finden Sie Steuerelemente für die Wiedergabe, die Sie wahrscheinlich vom CD-Player kennen: Schalter für Wiedergabe und Pause sowie links und rechts davon die Schalter für Zurück und Weiter. Zum Starten und Unterbrechen können Sie auch die Leertaste Ihrer Tastatur drücken sowie die Tasten ⬅ und ➡ für Zurück und Weiter.

Links oben finden Sie die Steuerelemente für Wiedergabe und Pause, rechts davon den Lautstärkeregler. Ziehen Sie den Schiebregler von links nach rechts, um die Lautstärke zu erhöhen.

Die Liste Quelle

Links im iTunes-Fenster finden Sie die Liste **Quelle**. Darin befindet sich eine Art Ordner, mit der Sie leicht die Übersicht über eine große Musiksammlung behalten. Außerdem finden Sie eine Verbindung zum iTunes Store und Ihr iPod erscheint, sobald Sie diesen anschließen.

In der **Bibliothek** bzw. **Mediathek** finden Sie Musik, Filme, Fernsehsendungen, Podcasts (Seite 115), Hörbücher, iPod-Spiele sowie Radioprogramme (Seite 87).

Unter **Store** können Sie Musik im iTunes Store kaufen. Unter **Einkäufe** befinden sich alle Titel, die Sie bereits gekauft haben (Seite 110).

Haben Sie einen iPod angeschlossen oder eine Musik-CD eingelegt, erscheinen diese unter **Geräte**.

Alle **Wiedergabelisten** erscheinen unten in der Spalte, zuerst die Party-Jukebox (Seite 86), dann die intelligenten Wiedergabelisten (Seite 6) und die einfachen Wiedergabelisten (Seite 72).

Das Fenster im Überblick

Musik wiedergeben oder anhalten, Seite 26

Lautstärkeregler

Verändern Sie die Informationen in diesem Fenster, Seite 28.

Eine Verknüpfung zum iTunes Store, Seite 99

Zeigt oder verbirgt das Cover

Zufällige Wiedergabe und/oder Wiederholen der Titel, Seite 44

Cover zur Musik, Seite 38

Klicken Sie hier, um eine Wiedergabeliste hinzuzufügen, Seite 72

Klicken Sie auf die Spalten, um die Titel zu sortieren, Seite 47.

Drei verschiedene Arten, durch Ihre Musiksammlung zu blättern, Seite 38

Klicken Sie hier, damit iTunes direkt den aktuellen Titel in der Liste anzeigt.

Musik suchen, Seite 48

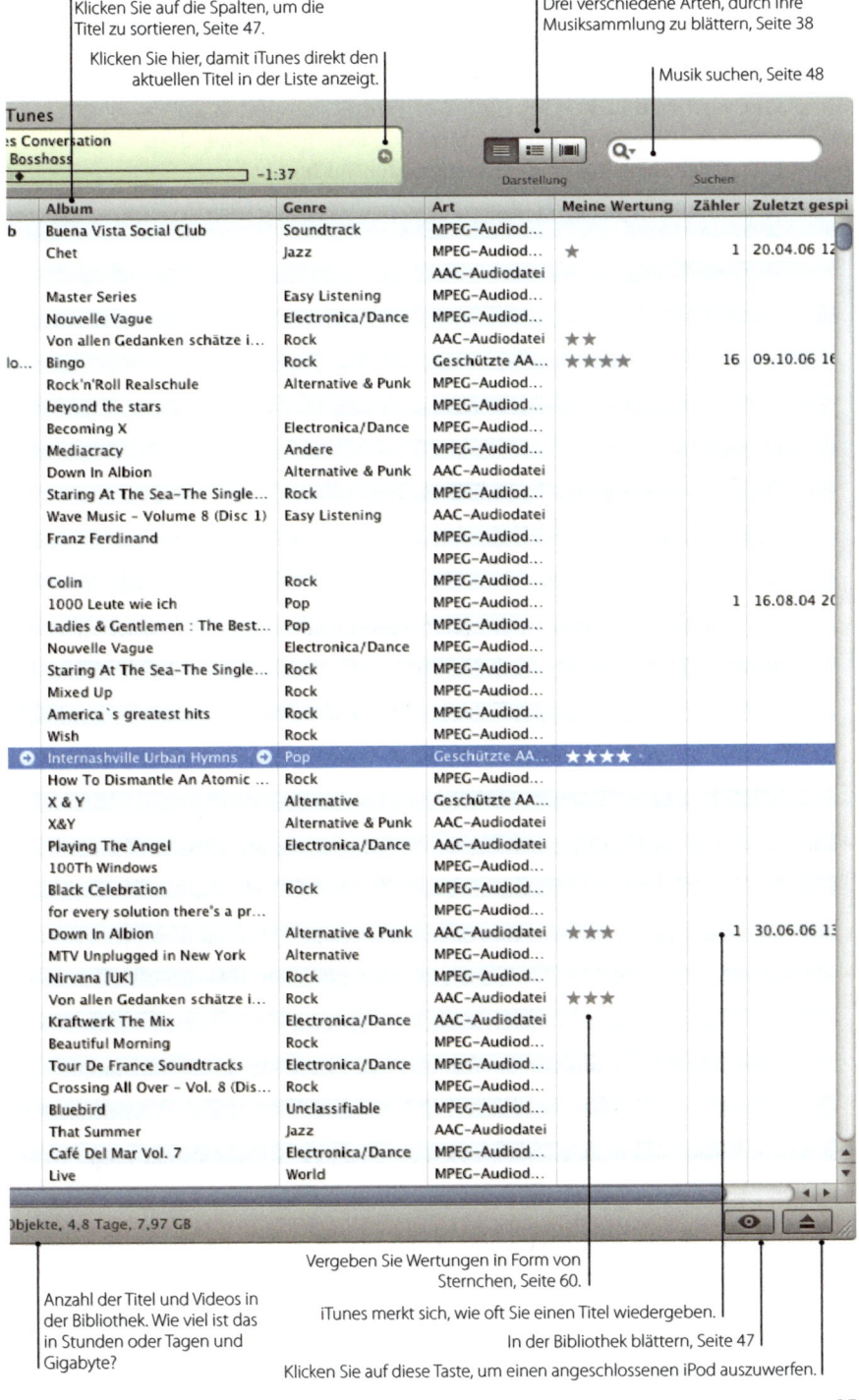

	Album	Genre	Art	Meine Wertung	Zähler	Zuletzt gespi
b	Buena Vista Social Club	Soundtrack	MPEG-Audiod...			
	Chet	Jazz	MPEG-Audiod...	★	1	20.04.06 12
			AAC-Audiodatei			
	Master Series	Easy Listening	MPEG-Audiod...			
	Nouvelle Vague	Electronica/Dance	MPEG-Audiod...			
	Von allen Gedanken schätze i...	Rock	AAC-Audiodatei	★★		
lo...	Bingo	Rock	Geschützte AA...	★★★★	16	09.10.06 16
	Rock'n'Roll Realschule	Alternative & Punk	MPEG-Audiod...			
	beyond the stars		MPEG-Audiod...			
	Becoming X	Electronica/Dance	MPEG-Audiod...			
	Mediacracy	Andere	MPEG-Audiod...			
	Down In Albion	Alternative & Punk	AAC-Audiodatei			
	Staring At The Sea-The Single...	Rock	MPEG-Audiod...			
	Wave Music - Volume 8 (Disc 1)	Easy Listening	AAC-Audiodatei			
	Franz Ferdinand		MPEG-Audiod...			
			MPEG-Audiod...			
	Colin	Rock	MPEG-Audiod...			
	1000 Leute wie ich	Pop	MPEG-Audiod...		1	16.08.04 20
	Ladies & Gentlemen : The Best...	Pop	MPEG-Audiod...			
	Nouvelle Vague	Electronica/Dance	MPEG-Audiod...			
	Staring At The Sea-The Single...	Rock	MPEG-Audiod...			
	Mixed Up	Rock	MPEG-Audiod...			
	America`s greatest hits	Rock	MPEG-Audiod...			
	Wish	Rock	MPEG-Audiod...			
	Internashville Urban Hymns	Pop	Geschützte AA...	★★★★		
	How To Dismantle An Atomic ...	Rock	MPEG-Audiod...			
	X & Y	Alternative	Geschützte AA...			
	X&Y	Alternative & Punk	AAC-Audiodatei			
	Playing The Angel	Electronica/Dance	AAC-Audiodatei			
	100Th Windows		MPEG-Audiod...			
	Black Celebration	Rock	MPEG-Audiod...			
	for every solution there's a pr...		MPEG-Audiod...			
	Down In Albion	Alternative & Punk	AAC-Audiodatei	★★★	1	30.06.06 13
	MTV Unplugged in New York	Alternative	MPEG-Audiod...			
	Nirvana [UK]	Rock	MPEG-Audiod...			
	Von allen Gedanken schätze i...	Rock	AAC-Audiodatei	★★★		
	Kraftwerk The Mix	Electronica/Dance	AAC-Audiodatei			
	Beautiful Morning	Rock	MPEG-Audiod...			
	Tour De France Soundtracks	Electronica/Dance	MPEG-Audiod...			
	Crossing All Over - Vol. 8 (Dis...	Rock	MPEG-Audiod...			
	Bluebird	Unclassifiable	MPEG-Audiod...			
	That Summer	Jazz	AAC-Audiodatei			
	Café Del Mar Vol. 7	Electronica/Dance	MPEG-Audiod...			
	Live	World	MPEG-Audiod...			

Objekte, 4,8 Tage, 7,97 GB

Vergeben Sie Wertungen in Form von Sternchen, Seite 60.

Anzahl der Titel und Videos in der Bibliothek. Wie viel ist das in Stunden oder Tagen und Gigabyte?

iTunes merkt sich, wie oft Sie einen Titel wiedergeben.

In der Bibliothek blättern, Seite 47

Klicken Sie auf diese Taste, um einen angeschlossenen iPod auszuwerfen.

Der Mini-Player

Arbeiten Sie gerade am Computer und möchten Sie das große iTunes-Fenster nicht immer im Bild haben, aber trotzdem von einem Titel zum anderen wechseln können? Klicken Sie einfach auf die Erweiterungstaste oder drücken Sie die Tastenkombination ⌈Ctrl⌉-⌈⌘⌉-⌈Z⌉ (M). Wählen Sie unter Windows **Erweitert/Zum Miniplayer wechseln** (oder ⌈Strg⌉-⌈M⌉). Das Fenster verwandelt sich in einen Mini-Player, der die wichtigsten Elemente enthält: Wiedergabe, Zurück und Weiter, Lautstärke sowie Informationen zum aktuellen Titel.

— Die Erweiterungstaste auf dem Mac

Verwenden Sie den Mini-Player beim Arbeiten als Fernbedienung für iTunes.

Verschwindet der Mini-Player manchmal hinter einem anderen Fenster und Sie finden das unpraktisch? Wählen Sie **iTunes/Einstellungen** (M) oder **Bearbeiten/ Einstellungen** (W) und klicken Sie in **Erweitert**. Klicken Sie dann in **Allgemein** und markieren Sie das Feld **MiniPlayer immer im Vordergrund halten** (M) bzw. **MiniPlayer ist immer das oberste Fenster**.

Eine Musik-CD wiedergeben

Wenn Sie am Computer arbeiten, möchten Sie im Hintergrund vielleicht Musik hören. Sie können natürlich eine Musik-CD in das CD-Laufwerk des Computers einlegen, die daraufhin abgespielt wird. Dazu benötigen Sie ein Programm. Auf Windows-PCs ist standardmäßig der Windows Media Player installiert, der Musik-CDs abspielt, sobald Sie diese einlegen. Auf einem Mac ist standardmäßig iTunes installiert, das beim Einlegen einer Musik-CD genauso funktioniert wie der Windows Media Player. Wenn Sie einen iPod besitzen und diesen mit Musik füllen möchten, benötigen Sie iTunes. iTunes kann Musik-CDs nicht nur wiedergeben, sondern diese auch importieren. Das ist praktisch, denn wenn sich die Musik einmal auf Ihrem Computer befindet, müssen Sie die Musik-CD zur Wiedergabe nicht erneut einlegen, da sich die Dateien bereits auf der Festplatte befinden.

Wenn Sie eine Musik-CD in den Computer eingelegt haben, erscheint diese in iTunes. (Lesen Sie den folgenden Abschnitt „Windows und Musik-CDs", wenn Sie einen Windows-PC benutzen.) Die Musik-CD erscheint in der linken Spalte (Quelle). Sind Sie mit dem Internet verbunden, sucht iTunes automatisch die Titel, den Interpreten und das Album aus einer Datenbank. Der Windows Media Player macht das auch. So müssen Sie diese Informationen nicht manuell einfügen.

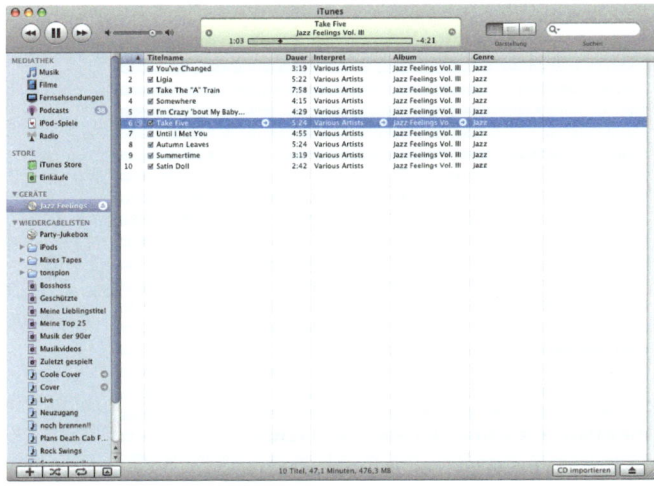

Die CD Jazz Feelings Vol. III bei der Wiedergabe

Klicken Sie in der linken Spalte auf die CD, die Sie in den Computer eingelegt haben, und anschließend links oben in die Wiedergabetaste. Die CD wird abgespielt. Klicken Sie in das Symbol **Auswerfen** rechts neben dem Namen der CD, um diese wieder aus dem Computer zu entfernen.

Klicken Sie hier, um den ausgewählten Titel wiederzugeben.

Unterbrechen Sie die Wiedergabe eines Titels.

Stoppen Sie den aktuellen Titel. Diese Taste ist selten zu sehen.

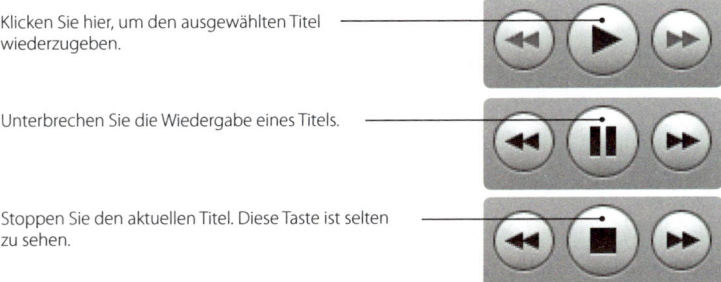

Windows und Musik-CDs

Jedes Mal, wenn Sie eine Musik- oder Audio-CD in das Laufwerk eines Windows-PCs einlegen, erscheint ein Fenster mit der Frage, was mit der CD passieren soll. Haben Sie iTunes auf Ihrem Windows-PC installiert, können Sie **Audio-CD abspielen mit iTunes** wählen. Die CD wird daraufhin in iTunes wiedergegeben. Wählen Sie **Titel anzeigen mit iTunes**, startet iTunes und die Musik-CD wird sichtbar, jedoch nicht sofort wiedergegeben. Diese Option ist praktisch, wenn Sie z.B. einzelne Titel von einer CD importieren möchten. Eine weitere Option ist **Titel importieren mit iTunes**. iTunes starten dann sofort mit dem Importieren.

Markieren Sie das Feld **Immer für Enhanced Audio-CDs durchführen**, wird Windows eingelegte Musik-CDs immer in iTunes öffnen und die angegebene Aktion ausführen.

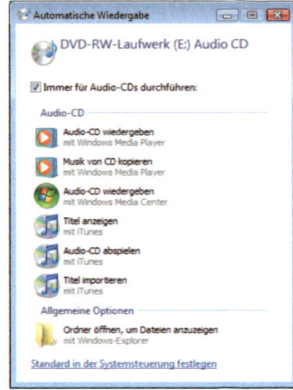

Geben Sie unter Windows an, wie der Computer mit Audio-CDs umgehen soll.

Das Informationsfenster

Mittig im oberen Bereich des iTunes-Fensters befindet sich die Anzeige mit verschiedenen Informationen zum aktuellen Musiktitel.

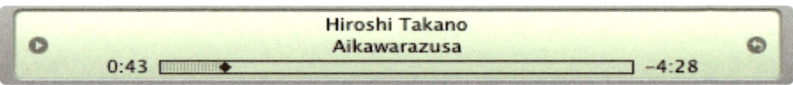

Hier gibt die Anzeige den Titel des Stücks sowie den Namen des Interpreten und des Albums an.

Klicken Sie in den Namen des Interpreten, um den Namen des Albums zu sehen. Ein erneuter Klick bringt den Namen des Interpreten zurück.

Ziehen Sie den rautenförmigen Wiedergabeanzeiger von links nach rechts, um sich schnell innerhalb eines Titels zu bewegen.

Klicken Sie in den kleinen gebogenen Pfeil auf der rechten Seite, zeigt iTunes den aktuellen Titel in der Bibliothek an. Das ist praktisch, wenn Sie weitere Informationen zu einem Titel sehen möchten. Klicken Sie in die Zeit rechts von der Fortschrittsanzeige, um dort die Gesamtdauer des Titels anzuzeigen. Klicken Sie erneut, erscheint die verbleibende Zeit des Titels (am Minuszeichen zu erkennen).

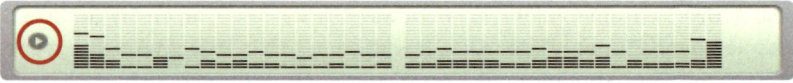

Klicken Sie in das Dreieck auf der linken Seite, sehen Sie Balken, die angeben, welche Lautstärke bestimmte Frequenzen in der Musik haben.

Visuelle Effekte

In iTunes wurden tolle visuelle Effekte integriert. Betrachten Sie diese als Bild-
schirmschoner, dessen Farben und Formen je nach Tempo und Lautstärke der
Musik variieren. Wählen Sie Darstellung/Visuelle Effekte aktivieren (M) oder An-
zeigen/Visuelle Effekte einblenden (W).

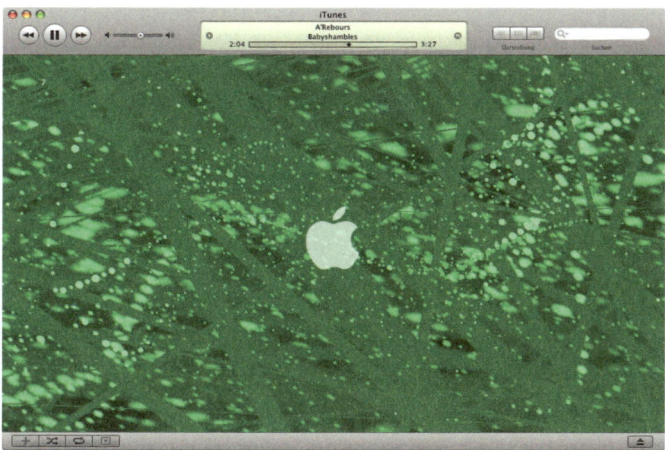

Wenn die visuellen Effekte aktiviert sind, können Sie die Tastenkombination
⌘-F (M) oder Strg-T (W) verwenden, um die Effekte bildschirmfüllend
darzustellen. Mit der Taste Esc kehren Sie wieder zum iTunes-Fenster zurück.

Weitere Optionen

Während der Wiedergabe der visuellen Effekte können Sie mit bestimmten
Tasten einzelne verborgene Einstellungen verändern:

B - Lässt das Apple-Logo erscheinen oder verschwinden.

F - Zeigt die Bildrate, d.h. die Geschwindigkeit der Effekte an.

C - Zeigt den Namen des aktuellen Effekts an.

Z - Ändert die Farben des aktuellen Effekts.

R - Ändert die Art des Effekts.

Weitere visuelle Effekte

In iTunes können auch weitere visuelle Effekte installiert werden, die Sie in
großer Zahl zum Download im Internet finden. Suchen Sie z.B. in Google nach
„visual effects itunes plug-in". Die Treffer zeigen viele verschiedene Websites, die
kostenlose und kostenpflichtige *Plug-ins* für iTunes anbieten.

● Musik importieren

Durch den Erfolg der CD seit den achtziger Jahren hat inzwischen jeder stapelweise CDs. Jetzt lassen sich alle diese CDs auf den Computer und damit auf den iPod übertragen und Sie müssen keine CD-Taschen mehr irgendwohin mitnehmen, sondern haben Ihre gesamte Musik in der Hosentasche.

Natürlich können Sie auch Musik aus dem Internet herunterladen. Weitere Informationen dazu finden Sie in Kapitel 6, das den iTunes Store, Apples Musikangebot im Internet, zum Thema hat.

Manche nennen es Importieren, andere *Rippen*. In beiden Fällen geht es darum, Musik-CDs mithilfe von iTunes auf die Festplatte des Computers zu bringen.

1. Legen Sie die Musik-CD, die Sie mit iTunes importieren möchten, in das CD-Laufwerk Ihres Computers ein.

2. Sofern iTunes noch nicht geöffnet ist, geschieht dies jetzt automatisch.

3. Die CD erscheint im Quellenbereich. Wenn Sie mit dem Internet verbunden sind, erscheinen automatisch die korrekten Informationen (Titel, Interpret und Albumtitel) der CD. Markieren Sie die Musik-CD in der Liste, wird diese schwarz hinterlegt dargestellt.

4. Klicken Sie in die Taste **CD importieren** in der rechten unteren Ecke des iTunes-Fensters.

5. iTunes kopiert daraufhin alle Titel der Musik-CD auf die Festplatte des Computers.

6. Klicken Sie jetzt im Quellenbereich in **Musik**, sehen Sie, wie die Titel der Musik-CD nach und nach erscheinen.

7. Nachdem der Import abgeschlossen ist, erklingt ein Tonsignal. Alle Titel der CD befinden sich jetzt auf Ihrer Festplatte und in iTunes unter **Musik**.

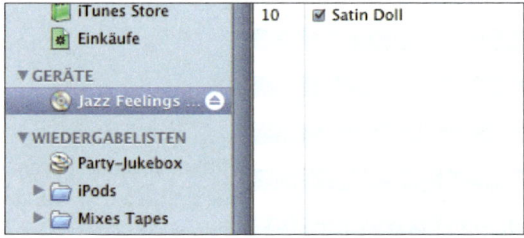

Die Musik-CD erscheint in der Liste Quelle.

Während des Imports zeigt iTunes an, wie weit dieser fortgeschritten ist.

Natürlich können Sie auch eine ganze Reihe Einstellungen vornehmen, wie z.B. das Dateiformat, in dem die Musik importiert wird. Weiter unten in diesem Kapitel werden erweiterte Importeinstellungen behandelt.

Titel zum Import auswählen

Klicken Sie auf die Felder vor den Titeln, um diese für den Import auszuwählen oder auszuschließen. Ist ein Titel nicht mit einem Häkchen versehen, wird dieser nicht in iTunes importiert. Deaktivieren Sie die Auswahl z.B. für Titel, die Ihnen nicht gefallen oder die Sie bereits importiert haben.

Sampler importieren

Häufig sind auf Musik-CDs Titel verschiedener Interpreten vertreten. Wenn Sie eine solche CD importieren, unterscheidet iTunes durchaus nach Interpret, gibt die CD aber als Ganzes wieder. Die Titel des Albums bleiben daher immer fein säuberlich untereinander stehen. So entsteht in der Bibliothek keine Ansammlung einzelner Titel einzelner Interpreten.

Live-Alben importieren

Sie kennen sicher auch CDs, die aus einem einzigen Stück zu bestehen scheinen, eigentlich jedoch einzelne Titel enthalten. Das ist häufig bei live aufgenommenen Alben oder House-Remixes der Fall. Seit der neuen iTunes-Version (Version 7) werden derartige Alben ohne Überblendungen oder störende Pausen wiedergegeben, sodass der Live-Sound erhalten bleibt. Es ist daher nicht nötig, aber möglich, in iTunes anzugeben, dass Sie ein bestimmtes Album zusammenhängend importieren möchten. Das schnelle Ansteuern vorheriger bzw. folgender Einzeltitel des Albums ist dann allerdings nicht mehr möglich.

1. Markieren Sie die Titel, die Sie zusammenhängend importieren möchten (halten Sie die ⇧-Taste gedrückt, um mehrere Titel auf einmal auszuwählen).

2. Wählen Sie **Erweitert/CD-Titel gruppieren**.

3. Klicken Sie auf **CD importieren**, um die Titel in einem Stück in iTunes zu importieren.

Möchten Sie die Titel zu einem späteren Zeitpunkt voneinander trennen, markieren Sie den gruppierten Titel in der Bibliothek und wählen Sie **Erweitert/ Gruppierung der CD-Titel aufheben** (M) oder **Erweitert/Gruppierung von CD-Titeln aufheben** (W). Beachten Sie, dass einzeln importierte Titel im Nachhinein nicht mehr gruppiert werden können.

7	☑ ┌ Until I Met You	4:55	Various Artists
8	│ Autumn Leaves	5:24	Various Artists
9	└ Summertime	3:19	Various Artists

iTunes zeigt gruppierte Titel mit einer eckigen Klammer an.

Musik von der Festplatte importieren

Es kann natürlich auch sein, dass sich bereits Musik auf der Festplatte Ihres Computers befindet, die Sie in iTunes importieren möchten. Auch das ist in iTunes ein Kinderspiel. Wahrscheinlich befindet sich diese Musik bereits in einem Ordner, der möglicherweise Unterordner enthält. Sie müssen nur diesen Ordner angeben, sodass iTunes die gesamte Musik aus dem Ordner und den Unterordnern in die iTunes-Bibliothek übernimmt.

1. Wählen Sie **Ablage/Zur Bibliothek hinzufügen** (M) oder **Datei/Ordner zur Bibliothek hinzufügen** (W).

2. Steuern Sie im folgenden Dialogfenster den Ordner an, in dem sich die Musik befindet. Unterordner müssen nicht separat angeben werden, der übergeordnete Ordner reicht aus. iTunes sucht nun alle Musikdateien aus dem Ordner und übernimmt diese in die Bibliothek.

3. Haben Sie die Titel mit Namen, Interpret und Alben versehen (z.B. im Windows Media Player), übernimmt iTunes diese einfach, sodass diese Informationen auch in der Bibliothek erscheinen.

4. Da der iPod keine WMA-Dateien (häufig für Musik auf Windows-PCs verwendet) wiedergeben kann, werden Dateien dieses Formats von der Windows-Version von iTunes automatisch konvertiert. Die Mac-Version kann das (leider) nicht, Mac-Benutzer werden jedoch auch kaum WMA-Dateien auf Ihrem Computer haben.

5. Nachdem iTunes den Import der Titel abgeschlossen hat, können diese abgespielt werden. Besitzen Sie einen iPod, können Sie die Titel auch auf dem iPod wiedergeben (auch wenn es ursprünglich WMA-Dateien waren).

Wo speichert iTunes die Titel?

Sobald Sie Titel von Musik-CDs oder anderen Quellen importieren, speichert iTunes diese in einem bestimmten Ordner. Dieser Ordner hat standardmäßig den Namen **iTunes Music** und befindet sich auf beiden Plattformen im Ordner **Musik/iTunes**. Sie können den Speicherort des Ordners jedoch in den iTunes-Einstellungen verändern. Wählen Sie **iTunes/Einstellungen** (M) oder **Bearbeiten/Einstellungen** (W) und klicken Sie in **Erweitert** und **Allgemein**.

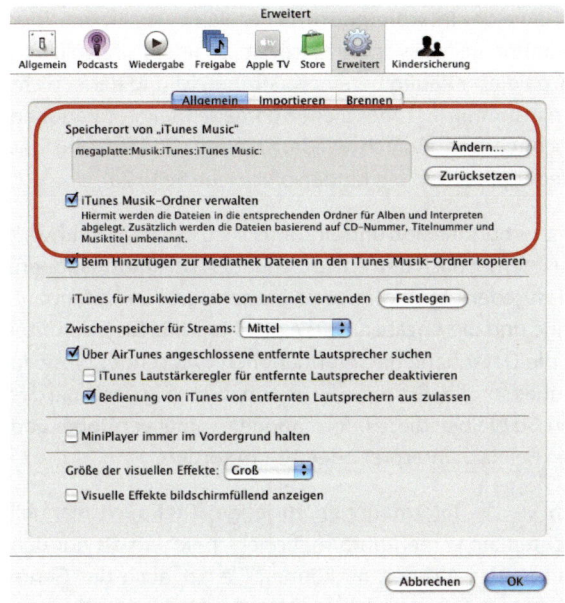

Ändern Sie hier den Speicherort des Ordners **iTunes Music**.

Wenn Sie in iTunes Musik zur Bibliothek hinzufügen, kopiert iTunes die Dateien in den Ordner **iTunes Music**. Auf diese Weise wird die gesamte Musik zusammengehalten, was natürlich praktisch ist. Möchten Sie dies aus irgendeinem Grund nicht, deaktivieren Sie die entsprechende Option.

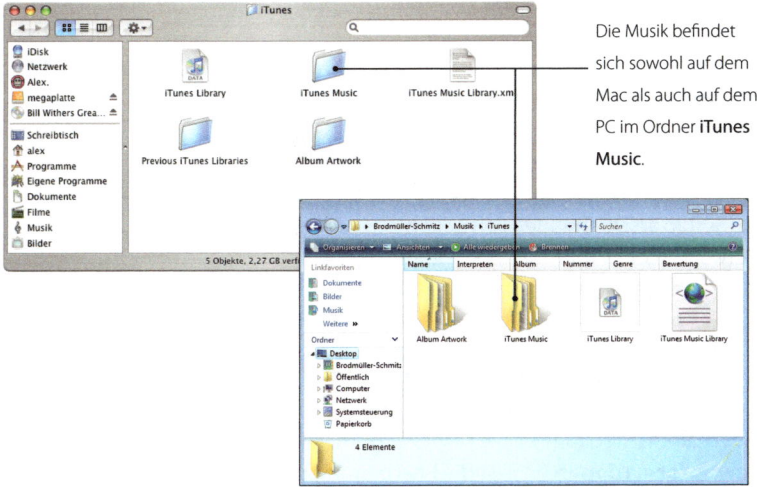

Die Musik befindet sich sowohl auf dem Mac als auch auf dem PC im Ordner **iTunes Music**.

33

Die korrekten Titelinformationen

Da alle Titel in einer langen Liste in der Bibliothek stehen, ist es natürlich sehr wichtig, dass die richtigen Titelinformationen gespeichert sind. Meist sind das der Name des Titels, der Name des Interpreten sowie der Name des Albums (der CD), von dem der Titel stammt. Bei klassischer Musik ist es zudem sinnvoll, den Komponisten zu kennen, da dieser häufig bereits verstorben ist und daher nicht mit dem Interpreten übereinstimmt. In iTunes dienen korrekte Titelinformationen auch dazu, einen Titel schnell und einfach wiederzufinden. Zudem wird das Erstellen intelligenter Wiedergabelisten ein Kinderspiel (siehe Seite 76).

Wenn Sie mit dem Internet verbunden sind und eine Musik-CD in das CD-Laufwerk einlegen, sucht iTunes im Internet nach den entsprechenden Titelinformationen. Die Informationen von fast jeder CD sind in einer immens großen Datenbank hinterlegt. Durch die Länge und die Anzahl an *Bits* eines Titels (die für jeden Titel individuell ist), ermittelt die Datenbank die Informationen und sendet diese an den Computer zurück. iTunes sorgt dafür, dass die Informationen in der Datei des Titels gespeichert werden. So bleiben diese Informationen immer verfügbar und in der Bibliothek sind die Titel nach Interpret oder Album sortiert.

Glücklicherweise können Sie die Informationen zu jedem Titel auch manuell eintragen. Vielleicht möchten Sie ja mehr Informationen speichern als nur den Interpreten und den Namen des Albums. So können Sie z.B. auch das Genre speichern, den Komponisten oder die Anzahl von *Beats pro Minute* (das Tempo). Sie können sogar den Songtext sowie das Cover des Albums speichern.

Titelinformationen bearbeiten

In iTunes ist es sehr einfach, die Titelinformationen zu bearbeiten. Alle Informationen zu einem Titel werden im Titel selbst gespeichert und sind damit jederzeit auch in anderen Programmen zugänglich.

1. Wählen Sie den Titel aus, dessen Informationen Sie eingeben oder bearbeiten möchten.

2. Wählen Sie **Ablage/Informationen** (M) oder **Datei/Informationen** (W) oder verwenden Sie den Kurzbefehl ⌘-Ⓘ (M) oder Strg-Ⓘ (W). Im daraufhin erscheinenden Fenster finden Sie allerlei Informationen zum ausgewählten Titel.

3. Oben sehen Sie eine Reihe Tabs. Klicken Sie in **Übersicht**, um eine Zusammenfassung der Informationen wie die Art der Datei und Größe in MB zu erhalten. Hier können Sie nichts ändern. Klicken Sie dagegen in **Infos** (M) bzw. **Informationen** (W), ist die Bearbeitung möglich.

Name, **Interpret** und **Album** erklären sich von selbst, ebenso das Jahr und die Titel-
nummer. Bei **Gruppierungen** können Sie ein Album z.B. in zwei Teile aufsplitten. Klassik-
CDs enthalten häufig zwei oder mehr Symphonien. Wählen Sie die erste Symphonie und
tragen Sie unter **Werk** deren Namen ein. Verfahren Sie entsprechend mit den übrigen
Symphonien. So können Sie später einfacher die Titel finden, die zu einer Symphonie
gehören. Unter CD-Nummer tragen Sie gegebenenfalls die laufende Nummer der CD
eines CD-Sets ein.

Das Feld **Komponist** ist bei klassischer Musik und Jazz praktisch.
Häufig ist der Interpret nicht mit dem Komponisten identisch
und so können Sie später z.B. alle Titel von George Gershwin
finden, auch wenn er diese nicht alle selbst gespielt hat.

BPM steht für *Beats Per Minute* bzw. das Tempo der Musik
in Taktschlägen pro Minute. Viele DJs verwenden diese
Information, um Titel nahtlos ineinander übergehen zu lassen.
Wenn Sie hier ein Tempo angeben, können Sie später eine
Wiedergabeliste mit Titeln desselben Tempos erstellen.

A Message

| Übersicht | Infos | Video | Sortierung | Optionen | Liedtext | Cover |

Titelname

A Message

| **Interpret** | | **Jahr** |
| Coldplay | | 2005 |

| **Album-Interpret** | | **Titelnummer** |
| Coldplay | | 8 von 13 |

| **Album** | | **CD-Nummer** |
| X & Y | | 1 von 1 |

| **Werk** | | **BPM** |

Komponist

Kommentar

Genre

Alternative   ☐ **Teil einer Compilation**

(Zurück)   (Weiter)   (Abbrechen)   (**OK**)

Unter **Genre** können Sie
eine Kategorie einstellen,
indem Sie auf die Pfeiltaste
klicken und einen Eintrag
wählen oder ein eigenes
Genre eingeben.

Klicken Sie in **Zurück**
oder **Weiter**, wenn Sie die
Informationen anderer
Titel bearbeiten möchten.
Klicken Sie in **OK**, um das
Fenster zu schließen und die
Informationen zu speichern.

Sie können beliebige
Kommentare eingeben,
egal, ob es eine Unter-
kategorie ist oder der
Name eines italienischen
Platzes, den Sie mit
diesem Titel verbinden.
Beachten Sie, dass Sie
Titel später auch anhand
von Kommentaren
finden können.

Ist der Titel Teil einer Compilation
mit Musik verschiedener Interpreten,
können Sie dies hier angeben. Wenn
Sie durch Ihre Bibliothek blättern,
werden die Titel dieses Albums immer
untereinander angezeigt.

35

Erweiterte Informationen bearbeiten

Auf dem Tab **Optionen** lassen sich weitergehende Information eintragen.

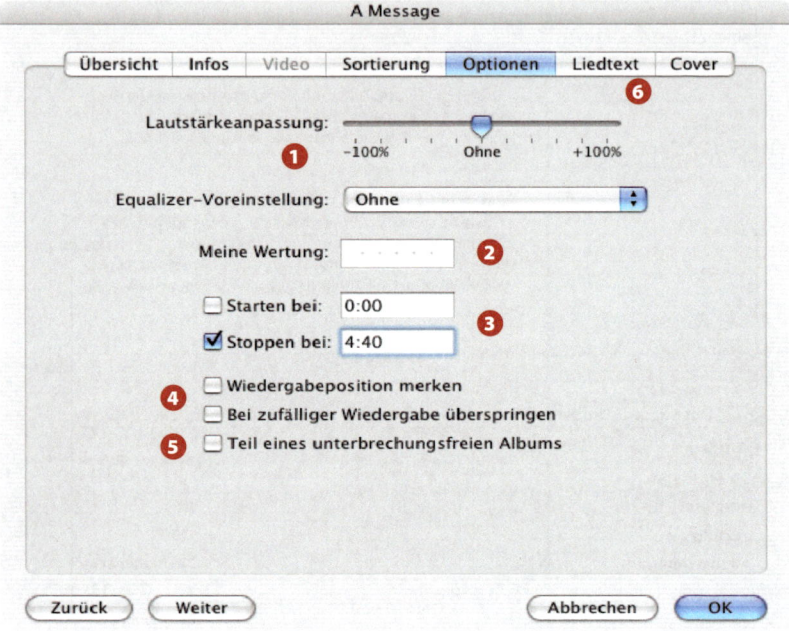

❶ Geben Sie für den Titel eine vorgegebene Lautstärke an und legen Sie optional eine Equalizer-Voreinstellung fest (siehe Seite 46).

❷ Bewerten Sie den Titel in Form von Sternchen, indem Sie auf die hellgrauen Punkte klicken (siehe Seite 60).

❸ Hat ein Titel ein langes Intro oder ein sehr langweiliges Ende, können Sie hier festlegen, dass die Wiedergabe später startet oder früher endet. Hier soll der Titel z.B. nach 4 Minuten und 15 Sekunden stoppen.

❹ iTunes kann sich die Wiedergabeposition merken und später ab diesem Punkt fortfahren, was für Hörbücher praktisch ist. Markieren Sie das Feld **Bei zufälliger Wiedergabe überspringen**, wenn Sie den Titel vom Shuffle-Modus ausnehmen möchten, z.B. für Titel mit gesprochenem Text.

❺ Ist der ausgewählte Titel Teil eines Live-Albums oder einer CD, deren Titel Sie ohne Unterbrechung wiedergeben möchten? Markieren Sie dann dieses Feld.

❻ Geben Sie hier den Liedtext ein. Besitzen Sie einen iPod nano oder einen iPod der fünften Generation, können Sie die Texte auch auf dem iPod anzeigen. So können Sie die Titel auf dem iPod mitsingen (siehe Seite 62).

Informationen schnell verändern

Sie können auch die Informationen mehrerer Titel gleichzeitig bearbeiten. Wählen Sie dazu die Titel aus, deren Informationen Sie bearbeiten möchten (drücken Sie die ⇧-Taste, um mehrere Titel auszuwählen), und wählen Sie anschließend **Ablage/Informationen** (M) oder **Datei/Informationen** (W).

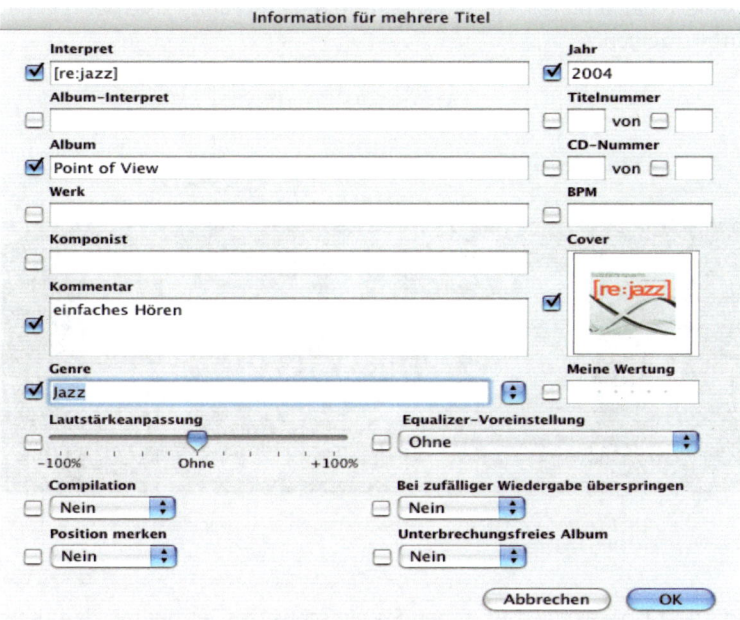

Das Fenster zum Bearbeiten oder Eintragen von Informationen für mehrere Titel.

Wenn Sie eines der Felder bearbeiten, wird dieses mit einem Häkchen versehen. Das bedeutet, dass nur diese Felder für die ausgewählten Titel verändert werden sollen. Entfernen Sie die Markierung, wenn Sie die Information doch nicht für alle Titel übernehmen möchten. Klicken Sie abschließend in **OK**.

Keine Internetverbindung beim Importieren?

Wenn Sie zeitweise keine Internetverbindung haben, weil Sie z.B. mit Ihrem Notebook unterwegs sind, können Sie CDs dennoch wie gewohnt importieren, ohne alle Informationen einzutragen. Die von iTunes importierten Titel können auch zu einem späteren Zeitpunkt mit den entsprechenden Informationen aus der Internetdatenbank versehen werden. Die importierten Titel haben zunächst nichtssagende Namen wie **Titel 01** und **Unbekannter Interpret**, das können Sie jedoch ändern. Wählen Sie die Titel aus und drücken Sie die ⇧-Taste, um mehrere Titel gleichzeitig auszuwählen. Wählen Sie **Erweitert/CD-Titel abfragen**, damit iTunes die Informationen von der Internet-Datenbank abfragt. Das funktioniert allerdings nur mit von iTunes importierten Musik-CDs, jedoch nicht mit heruntergeladenen oder (illegal) kopierter Musik.

Cover zu Titeln anzeigen

iTunes kann die Illustrationen der CD-Hüllen zu den einzelnen Titeln anzeigen. Seit der aktuellen Version verfügt iTunes über die Blätter-Funktion *Cover Flow*. Diese Art der Wiedergabe gleicht dem tatsächlichen Blättern in Ihren CDs. Klicken Sie in der rechten oberen Ecke in die rechte Taste, um Cover Flow zu aktivieren. Klicken Sie in die mittlere Taste, um eine nach Alben sortierte Liste der Titel mit Covern anzuzeigen.

Klicken Sie hier, um eine nach Alben sortierte Liste mit Covern anzuzeigen

Klicken Sie hier, um Cover Flow einzuschalten

Blättern Sie mit diesem Schieberegler durch Ihre komplette Musiksammlung.

Betrachten Sie die Cover bildschirmfüllend.

Sobald Cover Flow aktiviert ist, sehen Sie ein schwarzes Fenster mit den Titeln und Abbildungen der in iTunes importierten CDs. Mithilfe des Schiebereglers im unteren Bereich können Sie durch die Titel blättern. Doppelklicken Sie ein Cover, gibt iTunes dieses Objekt direkt wieder. Verwenden Sie die Tastenkombination ⌘-F (M) oder Strg-F (W), um Cover Flow bildschirmfüllend zu betrachten.

Cover aus dem iTunes Store

Apple betreibt auch einen Online Store zum Kaufen von Musik, der über eine immense Kollektion von CD-Covern verfügt. Bei jedem Kauf erhalten Sie auch das entsprechende Cover. Apple stellt die Abbildungen des iTunes Store freundlicherweise auch für diejenigen kostenlos zur Verfügung, die ihre Musik nicht im iTunes Store gekauft haben.

Wählen Sie im Menü **Erweitert** die Option **Albumcover laden** (M) bzw. **CD-Cover laden** (W). iTunes durchsucht daraufhin Ihre Bibliothek auf Titel, zu denen noch kein Cover vorhanden ist, und sucht im iTunes Store danach. Falls vorhanden, werden diese automatisch zum entsprechenden Titel oder Album hinzugefügt. Dies klappt allerdings nicht ohne Apple ID, legen Sie in diesem Fall zunächst eine Apple ID an. Weitere Informationen über das Einrichten einer Apple ID finden Sie auf Seite 104.

Cover manuell hinzufügen

Auch wenn Apples iTunes Store über eine sehr umfangreiche Albensammlung verfügt, sind natürlich noch lange nicht alle CD-Cover verfügbar. Möchten Sie ein solches Cover haben, können Sie dieses selbst hinzufügen.

1. Suchen Sie zunächst nach einer geeigneten Abbildung des Covers. Dafür ist das Internet eine außerordentlich geeignete Quelle. Schauen Sie z.B. auf Websites wie www.amazon.de oder www.bol.de nach, diese Sites enthalten immer Cover in vernünftiger Qualität zu den CDs, die sie zum Kauf anbieten. Wenn Sie einen Scanner besitzen, können Sie auch selbst Cover einscannen.

2. Entsprechende Sites bieten oft eine größere Abbildung des Covers an, was häufig mit Ausdrücken wie *Größeres Bild* oder einem Symbol in Form eines Pluszeichens oder einer Lupe angedeutet wird. So wissen Sie sicher, dass die Cover-Abbildung eine ausreichende Qualität hat.

3. Sobald Sie eine gute Cover-Abbildung gefunden haben, laden Sie diese auf Ihren Computer herunter. Sowohl in Safari (M) als auch im Internet Explorer (W) klicken Sie mit der rechten Maustaste auf die Abbildung und wählen den Eintrag **Bild kopieren** (M) oder **Kopieren** (W).

4. Kehren Sie jetzt zu iTunes zurück und wählen Sie alle Titel des Albums aus, dessen Cover Sie einfügen möchten. Drücken Sie die **Umschalt**-Taste, um mehrere Titel gleichzeitig auszuwählen. Wählen Sie **Ablage/Informationen** (M) oder **Datei/Informationen** (W).

5. Klicken Sie in das leere Feld unter **Cover**, sodass dieses einen blauen Rand erhält, und wählen Sie **Bearbeiten/Einsetzen** (M). Klicken Sie unter Windows mit der rechten Maustaste in das Feld und wählen Sie **Einfügen** (W).

6. Die Abbildung erscheint daraufhin im Feld **Cover** und iTunes übernimmt dieses für alle (zuvor ausgewählten) Titel des Albums. Klicken Sie in **OK**.

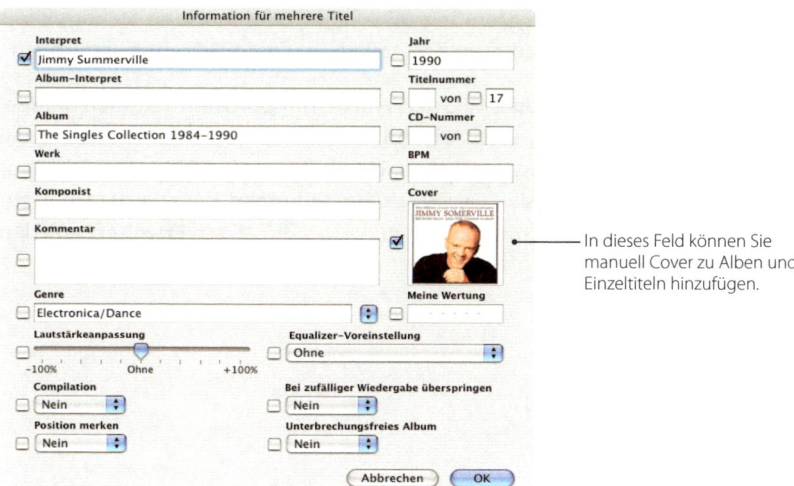

In dieses Feld können Sie manuell Cover zu Alben und Einzeltiteln hinzufügen.

◉ Audioformate und Kompression

iTunes wandelt Musik-CDs in ein Format um, das sowohl iTunes als auch der iPod versteht, wobei verschiedene Formate zur Verfügung stehen. Im Prinzip verkleinert iTunes die auf der CD befindlichen Daten durch *Kompression*. Das heißt, dass der Aufbau der Töne innerhalb eines Titels genau analysiert wird. Sehr hohe und sehr tiefe Töne, die für das menschliche Ohr nicht hörbar sind, werden dabei entfernt. Dann wird die Musik in *Bits*, also sehr kleine Fragmente, aufgeteilt. Diese werden einzeln miteinander verglichen und Bits, die einander sehr ähnlich sind, werden gleich interpretiert. So erhält man am Ende eine viel kleinere Datei als sich ursprünglich auf der CD befand. Zum Vergleich: Eine Musik-CD ist durchschnittlich 600 MB groß, nachdem iTunes die Musik importiert hat, nimmt dieselbe CD etwa 70 MB Speicherplatz auf Ihrer Festplatte in Anspruch.

Sie können den Grad der Kompression in iTunes einstellen. Manch einer legt nämlich Wert auf höchste Qualität (aber auch größere Dateien) und findet es nicht tragisch, dass seine Festplatte dadurch schneller voll ist. Andere bringen lieber mehr Titel auf ihrer Festplatte und/oder dem iPod unter und finden es nicht schlimm, dass die Qualität dadurch etwas schlechter ist.

Entscheiden Sie sich

In der digitalen Musik wird aktuell zwischen zwei verschiedenen Audioformaten und Kompressionstechniken unterschieden: AAC und MP3. AAC ist ein Format, das bei gleicher Dateigröße eine bessere Qualität als MP3 bietet, es kann jedoch leider nur in iTunes und auf iPods wiedergegeben werden und nicht in Windows-Programmen oder MP3-Playern anderer Hersteller. Daher ist es wichtig, von vornherein zu bedenken, für welchen Zweck Sie die Musik importieren möchten. Verwenden Sie nur iTunes und besitzen Sie einen iPod, sollten Sie AAC einsetzen. Besitzen Sie ein anderes System mit MP3-Player oder möchten Sie Musik mit anderen (PC-)Anwendern austauschen, sollten Sie das MP3-Format verwenden.

Die Entscheidung für AAC oder MP3 muss vor dem Importieren getroffen werden. Zwar können Sie die Daten auch im Nachhinein konvertieren, dabei verlieren die Titel jedoch möglicherweise unwiderruflich an Dynamik. Wählen Sie daher vor dem Importieren von Musik-CDs **iTunes/Einstellungen** (M) oder **Bearbeiten/Einstellungen** (W). Klicken Sie im oberen Teil des Fensters in **Erweitert** und den Tab **Importieren**.

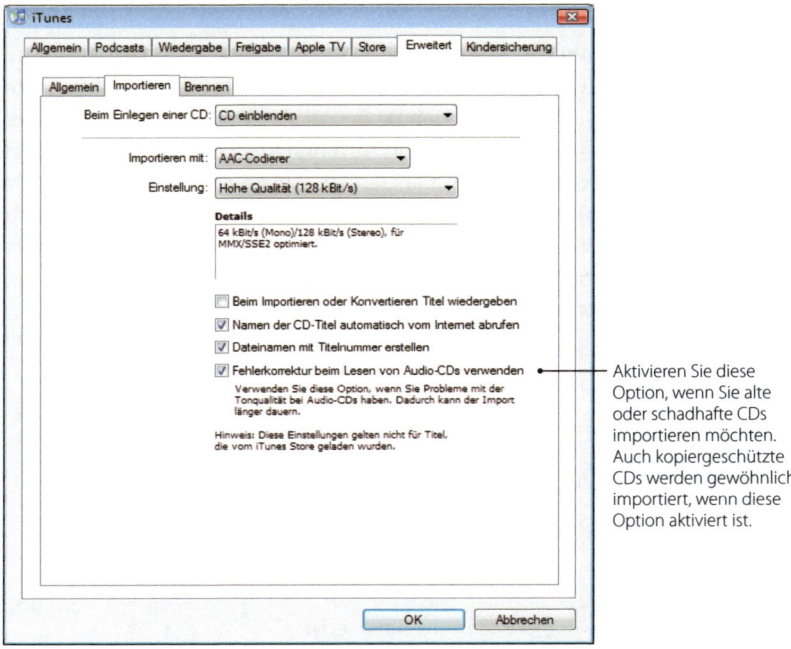

Aktivieren Sie diese Option, wenn Sie alte oder schadhafte CDs importieren möchten. Auch kopiergeschützte CDs werden gewöhnlich importiert, wenn diese Option aktiviert ist.

In diesem Fenster können Sie das Format für die zu importierenden Titel verändern.

Im Pop-up-Menü **Importieren mit** können Sie festlegen, in welchem Format iTunes die Titel importiert. Sie haben die Wahl zwischen AAC, MP3, Apple Lossless, AIFF und WAV. Die letzten drei Varianten bieten zwar eine sehr gute Qualität, nehmen jedoch auch sehr viel Platz auf der Festplatte in Anspruch und werden daher selten verwendet. Unter **Einstellung** können Sie zusätzlich festlegen, wie stark die Datei komprimiert werden soll. Der Kompressionsgrad wird in *Kbit/s* angegeben, was für Kilobit pro Sekunde steht. Bei den Kilobits handelt es sich um die weiter oben erwähnten kleinen Fragmente. Je mehr Kbit/s, desto besser die Qualität der Musik. Wählen Sie z.B. 128 Kbit/s und den AAC-Codierer, klingt das Ergebnis besser als eine mit 128 Kbit/s importierte MP3-Datei, was daran liegt, dass AAC hochwertiger komprimiert als MP3. Wählen Sie MP3 als Format, sollten Sie in höherer Qualität komprimieren, damit die Qualität entsprechend gut wird. Leider gilt jedoch grundsätzlich, dass bessere Qualität auch größere Dateien bedeutet.

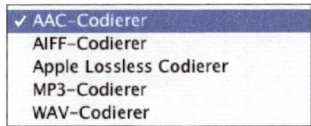

Wählen Sie das Format, in dem Sie die Musikdateien speichern möchten.

Sowohl für AAC als auch für MP3 können Sie individuelle Einstellungen vornehmen. Wählen Sie dazu **Eigene** (M) bzw. **Benutzerdefiniert** (W) unter **Einstellung** und legen Sie die Details für die Kompression fest.

Einstellungen für das AAC-Format

Wählen Sie eine **Datenrate (Stereo)**. Dabei bedeutet eine geringere Datenrate eine geringere Qualität. In der Einstellung **Automatisch** wird die **Abtastrate** automatisch an die der Originalaufnahme der Musik-CD angepasst. Auch unter **Kanäle** können Sie es bei der Einstellung **Automatisch** belassen. iTunes richtet automatisch die gleiche Anzahl an Kanälen ein wie im Original. Aktivieren Sie **Codierung mit variabler Datenrate**, wenn die Datenrate innerhalb eines Titels je nach Komplexität variieren soll. In ruhigeren Passagen werden dann weniger Bits benötigt als in komplexen Abschnitten. So wird der Speicherplatz, den ein Titel auf der Festplatte einnimmt, ökonomischer verwendet.

In diesem Fenster können Sie eine höhere oder niedrigere Datenrate einstellen.

Einstellungen für das MP3-Format

Die **Datenrate**, die **Codierung mit variabler Datenrate**, die **Abtastrate** und die **Kanäle** funktionieren wie beim AAC-Format. Behalten Sie jedoch im Hinterkopf, dass bei höheren Datenraten die Qualität im Vergleich zu der von AAC geringer ist. **Stereo (Joint)** unter **Stereo-Modus** bedeutet, dass für beide Kanäle identische Frequenzen in einem Audiokanal gebündelt und abweichende Informationen im zweiten Kanal enthalten sind. Bei geringeren Datenraten kann das die Qualität verbessern.

Unsere Ohren können Frequenzen unterhalb von 10 Hz nicht hören, daher sorgt das Häkchen vor **Frequenzen unter 10 Hz filtern** dafür, dass diese Frequenzen nicht gespeichert werden.

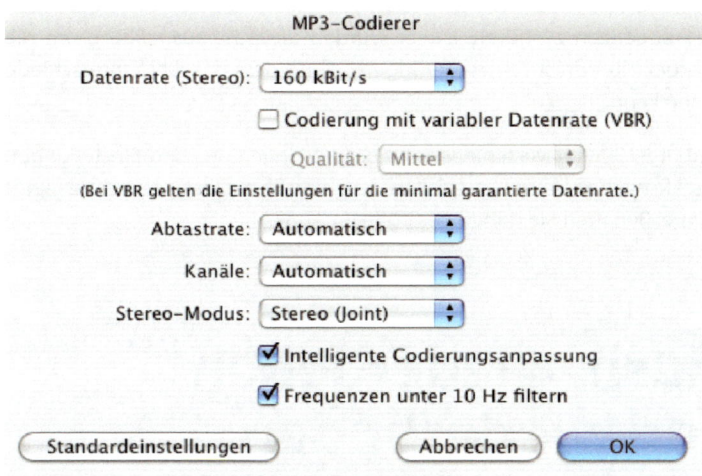

Passen Sie die Einstellungen für den Import von MP3-Dateien an.

Codierungen in iTunes

AAC	Eine sehr gute Kompressionstechnik für die Verwendung mit iTunes und dem iPod
MP3	Weniger effizient als AAC, aber mit anderen Programmen als iTunes und anderen MP3-Playern als iPods kompatibel
Apple Lossless	Sehr große Dateien, aber ohne Qualitätsverlust; nicht mit den älteren iPods kompatibel
AIFF und WAV	Diese Dateien sind die größten von allen (10 MB pro Minute Musik). AIFF ist ein Standardaudioformat auf dem Mac und WAV gilt für Windows. AIFF und WAV können sowohl auf dem Mac als auch unter Windows verwendet werden.

Wie funktioniert Kompression?

In den 1980er Jahren wurden viele Studien dazu durchgeführt, wie sich der Speicherbedarf von Dateien verringern ließe. Denken Sie z.B. an JPEG-Dateien für digitale Fotos. Der Aufschwung des Internets sorgte dafür, dass Anwender immer kleinere Dateien mit derselben Qualität wie das Original benötigten, da diese per Telefonleitung versendet werden sollten und daher nicht zu groß sein durften. Auch für Musik und Video wurde an Kompressionstechniken gefeilt. MPEG (Movie Picture Experts Group) entwickelte mit MPEG Audio Layer 3, kurz MP3, einen Standard.

AAC ist nicht so alt wie MP3 und bietet daher viel modernere Techniken zur Verkleinerung der Dateigröße. Jahrelange Untersuchungen des menschlichen

Gehörs ergaben, dass das Ohr nicht in der Lage ist, alle in Aufnahmen enthaltenen Töne und Frequenzen zu hören. Daher wurden diese herausgefiltert, um die Dateigröße der Titel drastisch zu verringern, ohne dass das Ohr Unterschiede wahrnehmen kann.

Experimentieren Sie mit verschiedenen Kompressionen aus den Einstellungen von iTunes. Sie werden schnell feststellen, dass eine Einstellung viel besser klingt als die andere. Behalten Sie dabei die Größe im Auge.

Musik wiedergeben und wiederfinden

Um einen Titel wiederzugeben, wählen Sie diesen aus (der Hintergrund wird dabei blau) und klicken Sie in der linken oberen Ecke des Fensters auf die Wiedergabetaste. Das Doppelklicken des gewünschten Titels ist eine schnellere Methode dafür. Eine Alternative ist das Drücken der Leertaste, insbesondere wenn Sie iTunes nur per Tastatur bedienen. Drücken Sie auf der Tastatur auf den Pfeil nach rechts, um den folgenden Titel in der Liste abzuspielen. Mit dem Pfeil nach links wird der vorherige Titel gestartet.

Sie können Ihre Musik auch in völlig willkürlicher Reihenfolge abspielen. Dazu befindet sich links unten im Fenster die Taste für die zufällige Wiedergabe. Klicken Sie in diese Taste (die daraufhin blau wird), werden alle Titel in zufälliger Reihenfolge abgespielt. Rechts davon befindet sich die Taste **Wiederholen**. Klicken Sie in diese Taste, werden die Titel wiederholt, ein erneuter Klick führt dazu, dass nur der aktuelle Titel wiederholt wird. In der Taste erscheint dabei eine 1.

Die Tasten Zufallswiedergabe und Wiederholen

Stören Sie die kurzen Pausen zwischen zwei Titeln? Sie können iTunes so einstellen, dass zwei aufeinanderfolgende Titel ineinander übergehen. Wenn z.B. die letzten fünf Sekunden eines Titels abgespielt werden, wird die Wiedergabe des folgenden Titels bereits gestartet und die Lautstärke des aktuellen Titels langsam verringert. Musiker nennen diesen Vorgang Überblenden.

Öffnen Sie mit **iTunes/Einstellungen** (M) oder **Bearbeiten/Einstellungen** (W) die iTunes-Einstellungen und klicken Sie in den Tab **Wiedergabe**.

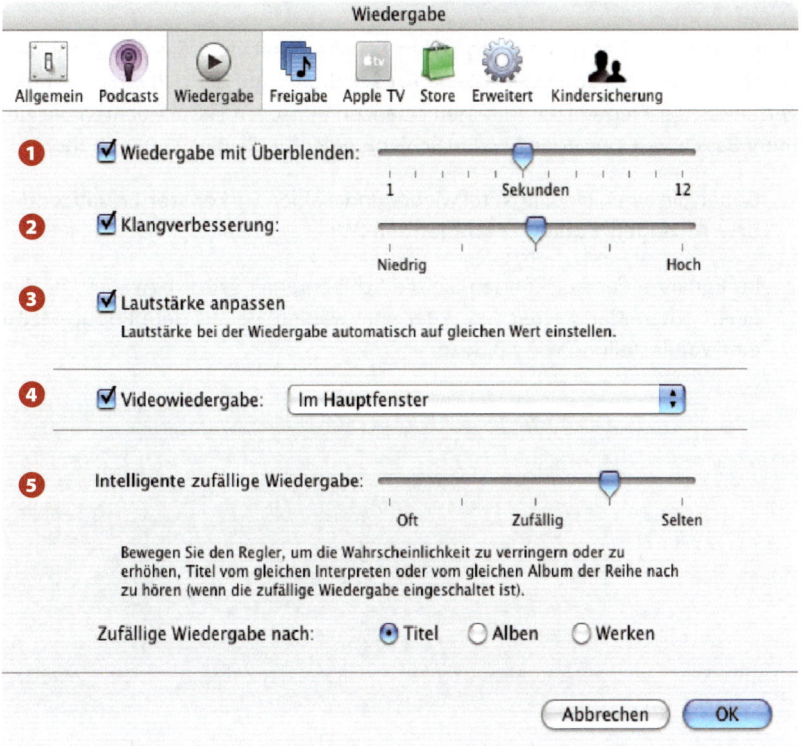

① Geben Sie an, in wie viel Sekunden die Titel ineinander übergeblendet werden sollen. In diesem Beispiel startet die Wiedergabe des folgenden Titels bereits, wenn der aktuelle Titel noch 6 Sekunden dauert. So ergibt sich keine störende Pause zwischen zwei Titeln.

② Die Klangverbesserung ist eine Frage des Geschmacks. Verändern Sie die Einstellung und hören Sie sich das Ergebnis an. Je weiter rechts der Schieberegler steht, desto mehr werden höhere Töne hörbar, was manchmal als angenehmer empfunden wird.

③ Aktivieren Sie das Feld **Lautstärke anpassen**, wird die Lautstärke aller in der Bibliothek befindlichen Titel aufeinander abgestimmt. So erschrecken Sie nicht, wenn ein lauterer Titel auf einen ruhigen und leisen Titel folgt.

④ Befinden sich Videos in Ihrer Bibliothek, können Sie hier z.B. angeben, ob diese im Hauptfenster oder bildschirmfüllend wiedergegeben werden.

⑤ Möchten Sie Titel in zufälliger Reihenfolge wiedergeben, einen Interpreten jedoch häufiger berücksichtigen, bewegen Sie den Regler dazu ganz nach links. Möchten Sie alle Titel berücksichtigen, schieben Sie den Regler mehr nach rechts. Geben Sie zudem an, ob Sie alle Titel oder nur die Titel eines bestimmten Albums in zufälliger Reihenfolge wiedergeben möchten.

Verbessern Sie den Klang

iTunes verfügt über einen integrierten *Equalizer*, mit dem Sie den Klang anpassen können. Ein Equalizer ist eine Art Schalttafel, auf der sich die Lautstärke verschiedener Frequenzen in feinen Nuancen einstellen lässt. Möchten Sie z.B. mehr Bass hören, bewegen Sie den Schieberegler für die Bässe etwas höher.

1. Geben Sie einen Lieblingstitel wieder und wählen Sie **Fenster/Equalizer** (M) bzw. **Anzeigen/Equalizer einblenden** (W).

2. Im Equalizer-Fenster können Sie die Schieberegler selbst bewegen, bis Sie einen guten Klang erreichen. Alternativ wählen Sie aus dem Popup-Menü eine Voreinstellung wie z.B. **Jazz**.

Schalten Sie den Equalizer hier ein oder aus.

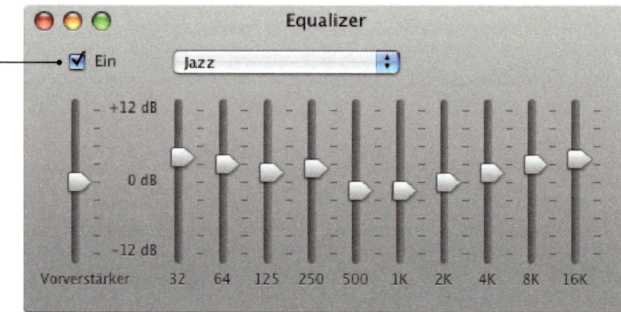

Betrachten und vor allem hören Sie sich die Voreinstellungen an. Sie werden feststellen, dass unterschiedliche Musikstile am besten mit verschiedenen Einstellungen klingen. Auf Seite 36 erfahren Sie, wie Sie für einzelne Titel eine andere Voreinstellung angeben können.

Haben Sie eine eigene Einstellung vorgenommen, die Sie speichern möchten? Wählen Sie aus dem Popup-Menü **Neue Voreinstellung**. Geben Sie der Voreinstellungen einen Namen und klicken Sie in **OK**. Sie finden Ihre eigene Voreinstellung jetzt im Pop-up-Menü wieder.

Die Bibliothek sortieren

Sie haben bereits gesehen, dass in der Musikbibliothek alle Titel in einer langen Liste untereinander stehen. Wenn Sie die Titelinformationen (Interpret, Album usw.) eingegeben haben, werden alle Titel nacheinander in alphabetischer Reihenfolge aufgelistet. Ändern Sie die Sortierreihenfolge, indem Sie in einen anderen Spaltenkopf klicken und z.B. nach Interpret oder Genre sortieren.

☑ I Want More, Pt. 1	3:17	Faithless	Live At Alexandra Palace	Electronic
☑ I Want More, Pt. 2	4:48	Faithless	Live At Alexandra Palace	Electronic
☑ Take the Long Way Home	4:35	Faithless	Live At Alexandra Palace	Electronic
☑ We Come 1	9:07	Faithless	Live At Alexandra Palace	Electronic
☑ Machines R Us	3:55	Faithless	Live At Alexandra Palace	Electronic
☑ Muhammad Ali	3:05	Faithless	Live At Alexandra Palace	Electronic
☑ Salva Mea	8:14	Faithless	Live At Alexandra Palace	Electronic
☑ Die Stadt Die Es Nicht Gibt… ⊙	4:46	Die Fantastischen Vier ⊙	MTV Unplugged ⊙	Hip Hop/Rap
☑ Millionen Legionen	6:13	Die Fantastischen Vier	MTV Unplugged	Hip Hop/Rap
☑ Tag Am Meer	5:04	Die Fantastischen Vier	MTV Unplugged	Hip Hop/Rap
☑ Flashback (Jazzanova´s Breathe E…	6:07	Fat Freddy's Drop	Based On A True Story	Nu Jazz

Klicken Sie in **Interpret,** um die Liste nach Interpreten sortiert anzuzeigen. Klicken Sie erneut, um die Reihenfolge umzukehren (von Z nach A anstatt von A nach Z).

Wenn Sie den oder die ersten Buchstaben eines Interpreten eingeben (vorausgesetzt, Sie haben die Liste nach Interpreten sortiert), springt die Liste zu dem Interpreten, dessen Name mit dem bzw. den Buchstaben anfängt. Das funktioniert natürlich auch, wenn die Liste nach Alben oder Titelnamen sortiert ist.

Der Übersichtsmodus

Wenn die Bibliothek aktiv ist (klicken Sie in der linken Spalte in **Musik**), erscheint in der rechten unteren Ecke des iTunes Fensters die Taste **Übersicht** mit einem Augensymbol. Klicken Sie in diese Taste, erscheinen oben im Fenster drei Spalten. Von links nach rechts können Sie die Musik jetzt nach Genre, Interpret oder Album durchsuchen. Diese Wiedergabe kommt der auf dem iPod am nächsten. Wählen Sie zuerst einen Interpreten, woraufhin alle Alben dieses Interpreten angezeigt werden. Wählen Sie dann ein Album, erscheinen alle Titel des Albums.

Der Übersichtsmodus in iTunes ähnelt der Struktur auf dem iPod.

Klicken Sie in das Auge, um den Übersichtsmodus zu aktivieren.

Klicken Sie erneut in die Taste, um den Übersichtsmodus zu verlassen. Dieser Modus funktioniert nicht innerhalb von Wiedergabelisten. Befinden Sie sich in einer Wiedergabeliste, erscheint neben dem Auge die Taste **Brennen**, mit deren Hilfe Sie CDs mit der Musik Ihrer Wiedergabelisten brennen (siehe Seite 80).

Titel suchen

Die wahre Stärke von iTunes liegt in den schnellen Suchmöglichkeiten. Wenn Ihre Bibliothek irgendwann ein paar tausend Titel enthält, wird es immer mühsamer, bestimmte Musiktitel wiederzufinden. In der rechten oberen Ecke sehen Sie ein Suchfeld. Alles, was Sie hier eingeben, wird gefunden, sei es der Name eines Interpreten oder der eines Komponisten. Vorausgesetzt natürlich, es befindet sich ein entsprechender Titel in der Bibliothek.

Die Suche nach morcheeba ergibt 42 gefundene Titel.

Sobald Sie den ersten Buchstaben eingeben, wird bereits nach den Titeln gesucht, die diese enthalten. Klicken Sie links im Suchfeld in die Lupe, lassen sich die Suchkriterien verfeinern. Wählen Sie z.B. **Komponist**, um nur nach Komponisten zu suchen. Klicken Sie in das Kreuz im Suchfeld, wird der Suchfilter gelöscht und in der Liste erscheinen wieder alle Titel.

Klicken Sie zuerst in die Lupe, wenn Sie nach einem bestimmten Komponisten oder Interpreten suchen.

Dank der schnellen Suche innerhalb von iTunes ist es möglich, sogenannte intelligente Wiedergabelisten zu erstellen. Geben Sie die Kriterien für eine Wiedergabeliste an und sobald ein Titel diese erfüllt, erscheint dieser automatisch in der intelligenten Wiedergabeliste. Geben Sie beispielsweise das Genre Jazz als Kriterium an und dass die Titel mindestens fünf Minuten lang sein sollen. So sind Sie sicher, alle Titel mit opulenten Klavier-, Trompeten- und Gitarrensoli einzuschließen. Weitere Informationen zum Erstellen intelligenter Wiedergabelisten finden Sie auf Seite 76.

⬤ iTunes und der iPod

Sie müssen keinen iPod besitzen, um iTunes zu verwenden. Anders herum müssen Besitzer eines iPods jedoch iTunes benutzen, um ihre Musik sowohl auf dem Computer als auch auf dem iPod zu verwalten.

iTunes ist in der Lage, den iPod automatisch mit Musik zu füllen. Alle in der Bibliothek enthaltenen Musiktitel erscheinen dann auch auf dem iPod. Mitunter hat man jedoch mehr Musik auf dem Computer (und damit auch in der Bibliothek), als auf den iPod passt. Dann müssen Sie Titel auswählen und den iPod manuell mit Musik bestücken.

Den iPod an den Computer anschließen

Der iPod wird mit einem Kabel ausgeliefert, dem *Dock-Adapter*. Verwenden Sie dieses Kabel, um den iPod an den Computer anzuschließen sowie die Batterie des iPod zu laden. Schließen Sie den Dock-Adapter an der Unterseite des iPod und an einem USB-Anschluss des Computers an. Ihr Computer kann mehrere USB-Anschlüsse besitzen, haben Sie jedoch einen zu wenig, können Sie einen *USB-Hub* erwerben, um die Anzahl der USB-Anschlüsse zu erhöhen.

USB 1 oder 2?

USB ist mittlerweile in zwei Varianten verbreitet. Obwohl die Anschlüsse exakt identisch aussehen, unterscheiden sich USB 1.1 und USB 2.0 vor allem in der Geschwindigkeit der Datenübertragung voneinander. iPods funktionieren auch mit der älteren Variante (USB 1.1), das Kopieren von Musik erfolgt damit allerdings langsamer. Zudem kann es passieren, dass der iPod über den USB 1.1-Anschluss zu wenig Strom erhält. Sie sollten also darauf achten, dass Ihr Computer über einen USB 2.0-Anschluss verfügt. Viele Computer lassen sich um einen USB 2.0-Anschluss erweitern, informieren Sie sich im Fachhandel.

Sie erkennen einen USB-Anschluss an diesem kaktusartigen Symbol.

Wenn der iPod an den Computer angeschlossen ist, erscheint im Display des iPod die Meldung **Bitte nicht trennen**. Tun Sie das auch nicht. Die Festplatte ist mit Lesen und Schreiben beschäftigt und sobald Sie die Verbindung unterbrechen, besteht das Risiko eines Datenverlusts und eventuellen Schadens an der Festplatte.

Es kann einige Sekunden dauern, bis der iPod in iTunes im Bereich **Quelle** erscheint. In den meisten Fällen beginnt der iPod direkt mit der Synchronisation, da das automatische Synchronisieren (iTunes nennt das Aktualisieren) die Standardeinstellung des iPod ist.

Trennen Sie den iPod nicht vom Computer, wenn dieser Text auf dem Display steht.

Möchten Sie den iPod dennoch trennen, klicken Sie zuerst in das **Auswerfen**-Symbol neben dem Symbol und Namen des iPod in der Liste **Quelle** von iTunes. Ist der iPod dort verschwunden und im Informationsfenster erscheint **Verbindung kann getrennt werden**, können Sie den iPod unbesorgt vom USB-Anschluss des Computers trennen.

Möchten Sie den iPod vom Computer trennen, klicken Sie zuerst in das Symbol **Auswerfen** neben dem Symbol für den iPod in der Liste Quelle.

Automatisch aktualisieren

Haben Sie die Standardeinstellungen nicht verändert, wird der iPod automatisch mit der Musik in der Bibliothek synchronisiert. Das heißt, dass alle Musikstücke in iTunes auch auf dem iPod erscheinen. Hierzu benötigen Sie natürlich einen iPod mit einer größeren Speicherkapazität. Gibt es nicht genug Platz für alle Titel (und eventuell Fotos), erscheint eine entsprechende Meldung und es werden so viele Titel synchronisiert wie auf den iPod passen.

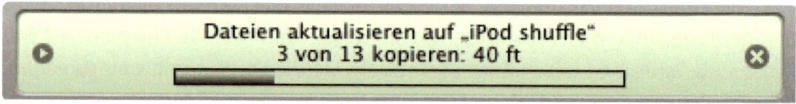

iTunes fängt sofort mit dem Aktualisieren an, sobald der iPod angeschlossen wurde.

Möchten Sie die Synchronisation des iPod aus irgendeinem Grund stoppen, klicken Sie in das Kreuz rechts im Informationsfenster. Der Titel, den iTunes in dem Moment kopierte, wird nicht mehr übertragen. Alle davor liegenden Titel sind synchronisiert und damit auf dem iPod.

Das iPod-Übersichtsfenster

Sobald Sie Ihren iPod an den Computer angeschlossen haben, erscheint dieser im Quellenbereich von iTunes. Klicken Sie dann in das Symbol bzw. den Namen des angeschlossenen iPod, erscheint im rechten Teil des Fensters das Übersichtsfenster. Darin finden Sie alle relevanten Einstellungen und Informationen über Ihren iPod.

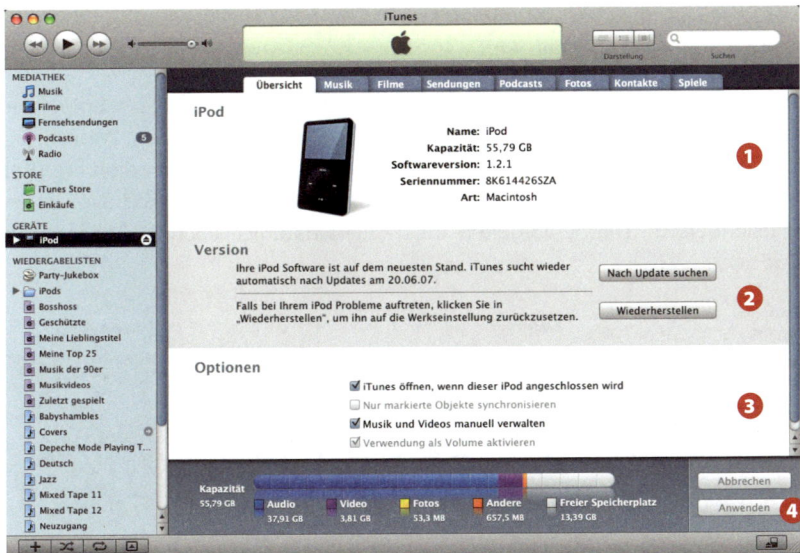

Das Übersichtsfenster eines angeschlossenen iPod mit allen Informationen

❶ Im oberen Teil des Fensters finden Sie alle relevanten Informationen über Ihren iPod, z.B. Kapazität, Softwareversion und Serienummer. Außerdem wird eine Abbildung des iPod gezeigt.

❷ Ist die Software Ihres iPod nicht ganz auf dem neuesten Stand? iTunes sucht automatisch im Internet nach der neuesten Version. Ist die Taste **Nach Update suchen** dunkelgrau, klicken Sie hinein, sodass die Software Ihres iPod auf die neueste Software aktualisiert wird. Mit der Taste **Wiederherstellen** lässt sich der iPod auf die Werkseinstellungen zurücksetzen.

❸ Soll iTunes automatisch starten, sobald Sie den iPod anschließen? Oder möchten Sie nur markierte (sprich: mit einem Häkchen versehene) Titel synchronisieren? Möchten Sie die Titel und Videos manuell verwalten (siehe folgende Seite)? Oder möchten Sie den iPod als externe Festplatte verwenden (siehe Seite 136)? Markieren Sie die Felder für die entsprechenden Optionen.

❹ **Achtung!** Klicken Sie immer in **Anwenden**, wenn Sie Einstellungen verändert haben, da ansonsten nichts geschieht. Möchten Sie zu den vorherigen Einstellungen zurückkehren? Klicken Sie in diesem Fall in **Abbrechen**.

Den iPod manuell verwalten

Wenn Sie nicht möchten, dass alle Musikstücke, Fotos und eventuell Videos auf Ihren iPod übertragen werden, können Sie diese manuell laden. Klicken Sie im Übersichtsfenster des iPod in das Feld **Musik manuell verwalten**.

☑ **Musik manuell verwalten**

Vergessen Sie nicht, rechts unten in Anwenden zu klicken. Klicken Sie in der Meldung darüber, dass Sie den iPod stets richtig trennen müssen, in OK.

Ziehen Sie jetzt manuell Titel aus Ihrer Bibliothek auf das iPod-Symbol in der Liste **Quelle**. Das ist derselbe Vorgang wie bei Wiedergabelisten: Wählen Sie die Titel in der Bibliothek (halten Sie die ⇧-Taste gedrückt, um mehrere Titel auf einmal auszuwählen) und ziehen Sie die Auswahl auf das iPod-Symbol im Quellenbereich. Dieses Vorgehen funktioniert natürlich auch für Videos und Podcasts.

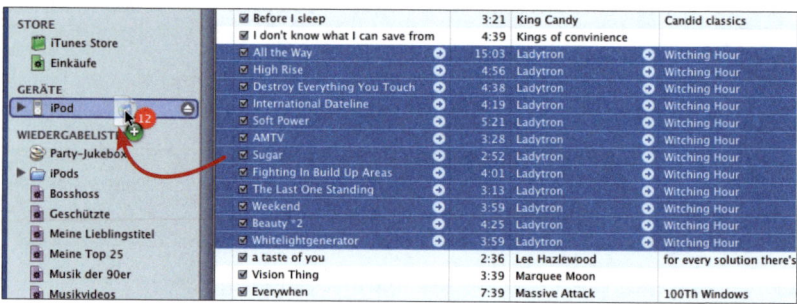

Ziehen Sie die ausgewählten Titel manuell auf den iPod. Der Mauszeiger erhält dabei einen roten Kreis mit der Anzahl der ausgewählten Titel.

Titel vom iPod entfernen

Sie können nur dann bestimmte Titel von Ihrem iPod entfernen, wenn Sie den iPod auf manuelle Verwaltung eingestellt haben (siehe oben). Klicken Sie dann in das kleine graue Dreieck vor dem iPod-Symbol in der Liste **Quelle**. Unterhalb des iPod-Namens erscheint nun eine Liste, die der Liste **Quelle** ähnelt. Klicken Sie in **Musik**, um alle Musiktitel auf dem iPod anzuzeigen. Wählen Sie die gewünschten Titel aus (drücken Sie die ⇧-Taste, um mehrere Titel gleichzeitig zu markieren) und drücken Sie die ←- oder die Entf-Taste, um alle ausgewählten Titel vom iPod zu entfernen.

Titel vom iPod kopieren

Sie können die Titel, die Sie mit iTunes auf den iPod übertragen haben, später nicht auf den Computer zurückkopieren. Diesen Schutz musste Apple auf Wunsch großer Plattenlabel integrieren, da es ansonsten sehr einfach wäre, auf einen Schlag Tausende von Titeln auf den Computer von jemand anderem zu übertragen. Es gibt jedoch Software zum Downloaden, die diese Funktion ermöglicht. Da es offiziell jedoch nicht funktioniert, sollten Sie die auf Ihrem iPod befindliche Musik auch auf Ihrem Computer gespeichert haben.

Sie können natürlich, wenn Ihr iPod auf manuelle Verwaltung eingestellt ist, durchaus Musik aus einer anderen Bibliothek kopieren, wenn Sie Ihren iPod mit einem anderen Computer verbinden. Sie können diese Musik allerdings später nicht auf Ihren eigenen Computer übertragen. Das ist nicht mehr möglich, seit es entsprechende Klagen gegen Apple gab.

Möchten Sie legal Musik (oder andere Daten) von einem Computer zum anderen kopieren, können Sie den iPod als externe Festplatte einsetzen. Sobald Sie den iPod an einen Computer anschließen, erscheint dieser als externe Festplatte. Auf dem Mac ist das ein iPod-Symbol auf dem **Schreibtisch**, auf dem PC meistens das Laufwerk **E:** im **Windows Explorer**.

Mac

1. Ziehen Sie Titel oder Wiedergabelisten aus der iTunes-Bibliothek auf das iPod-Symbol auf dem **Schreibtisch**. Legen Sie eventuell zuerst einen neuen leeren Ordner auf dem iPod an.

2. Schließen Sie den iPod an einen anderen Computer an.

3. Ziehen Sie die Musik vom iPod auf dem **Schreibtisch** in die **Bibliothek** des Computers. Dabei importiert iTunes die Titel.

4. Löschen Sie die Titel vom iPod auf dem **Schreibtisch**. Diese nehmen ansonsten unnötig Speicherplatz ein.

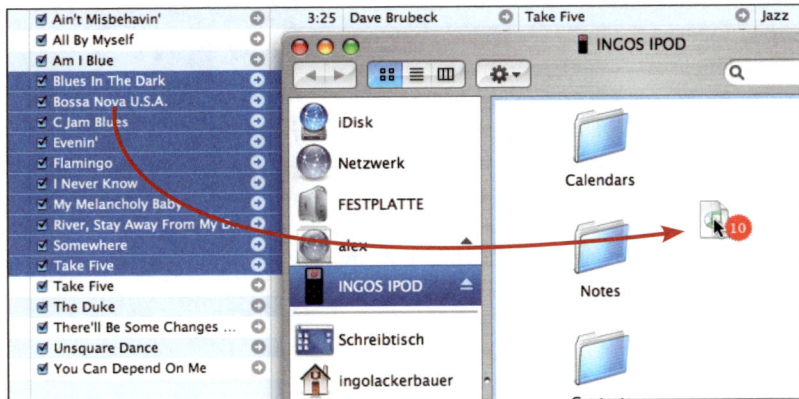

Windows

1. Ziehen Sie die Titel aus dem Ordner **Musik/iTunes/iTunes Music** auf den iPod (wahrscheinlich **iPod (E:)**).

2. Schließen Sie den iPod an den anderen Computer an und verfahren Sie umgekehrt. Natürlich muss dazu auf diesem Computer iTunes installiert sein.

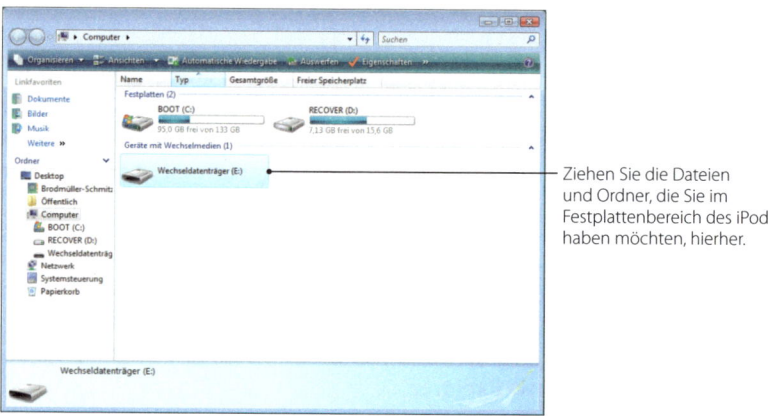

Ziehen Sie die Dateien und Ordner, die Sie im Festplattenbereich des iPod haben möchten, hierher.

Die Position des Laufwerks E: im Windows Explorer. Verwenden Sie diese externe Festplatte, um Dateien (Musik, Fotos etc.) von Computer zu Computer zu übertragen.

Musik vom iPod „klauen" ...

Obwohl man mit iTunes keine Musik vom iPod herunterholen kann, ist dieses möglich, da Softwareentwickler eigens Programme dafür entwickelt haben. Apple ist darüber natürlich nicht glücklich, aber mitunter ist es doch sehr praktisch, Musik vom iPod zurück auf die Festplatte zu übertragen.

Das Programm **iPod->Folder** kann genau das. Rufen Sie die Webseite www.longfingers.com/ipodfolder/ auf, um das Programm herunterzuladen. Es ist sowohl für den Mac als auch für den PC erhältlich. In diesem Programm wählen Sie Ihren iPod und einen Ordner, in den alle Musik kopiert werden soll. Klicken Sie dann in den Pfeil, landet die gesamte Musik in diesem Ordner. Ziehen Sie die Musik (und eventuell Videos) danach zurück in iTunes, um sie wieder in die Bibliothek zu integrieren.

Mehrere iPods an einem Computer

Es kommt immer häufiger vor, dass es in einer Familie nur einen Computer und mehrere iPods gibt. Manche denken, das sei unmöglich oder möchten iTunes ein weiteres Mal auf demselben Computer installieren, was absolut unnötig ist.

iTunes kann zum Glück so viele iPods mit Musik bestücken, wie Sie wünschen. Möchten Sie also einen zweiten iPod mit demselben Computer verwenden, wird dieser beim Anschließen automatisch mit der Musik aus der Bibliothek gefüllt, da das die Standardeinstellung der iPods ist.

Es kann natürlich passieren, dass zwei Personen mit unterschiedlichem Musikgeschmack einen Computer verwenden, um ihre iPods mit Musik zu füllen. Oder einer besitzt einen iPod mit geringerer Speicherkapazität, sodass nicht die gesamte Musik auf den iPod passt. Eine praktische Lösung für dieses Problem ist es, persönliche Wiedergabelisten zu erstellen und die iPods jeweils nur mit dieser Wiedergabeliste automatisch synchronisieren zu lassen.

Erstellen Sie eine neue (intelligente) Wiedergabeliste (siehe Kapitel 4) und geben Sie dieser beispielsweise Ihren eigenen Namen oder den Namen Ihres iPod. Sobald Ihr iPod angeschlossen ist, klicken Sie in das iPod-Symbol im Quellenbereich. Klicken Sie im **Übersichtsfenster** oben in den Tab **Musik**. Geben Sie dann an, dass Sie nur die Musik bestimmter Wiedergabelisten mit dem iPod synchronisieren möchten, wählen Sie die gewünschte Wiedergabeliste aus und klicken Sie in **Anwenden**. So können Sie für jeden iPod eine auf den persönlichen Geschmack des Besitzers abgestimmte Wiedergabeliste übertragen.

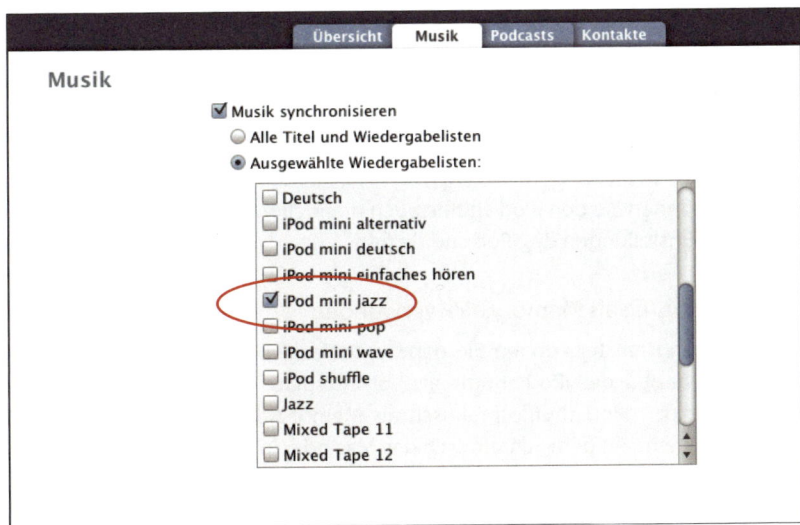

Synchronisieren Sie einen iPod nur mit ausgewählten Wiedergabelisten, wenn Sie dieselbe Bibliothek mit mehreren iPods nutzen. Klicken Sie abschließend in **Anwenden**.

Der iPod shuffle und iTunes

Der iPod shuffle hat eine Speicherkapazität von 1 GB. Daher kann es schnell passieren, dass Sie mehr Musik haben, als auf den iPod shuffle passt. iTunes bietet für dieses Problem eine schnelle Lösung. Sobald Sie einen iPod shuffle an Ihren Computer anschließen, zeigt iTunes im unteren Teil einen Bereich an, in dem Sie spezielle Einstellungen vornehmen können. So können Sie iTunes z.B. jedes Mal, wenn Sie den iPod shuffle anschließen, eine zufällige Auswahl aus Ihrer Musikbibliothek treffen lassen. So wird er natürlich noch mehr zum *Shuffle*.

Der belegte Speicherplatz auf dem Shuffle

Möchten Sie eine Wiedergabeliste oder die gesamte Bibliothek übertragen und soll alles ersetzt werden?

Klicken Sie in diese Taste, um den iPod shuffle mit Musik zu füllen. Das Synchronisieren erfolgt anhand der angegebenen Kriterien.

Natürlich können Sie den iPod shuffle auch manuell mit Musik füllen. Das legen Sie in den Einstellungen des iPod shuffle fest.

Den iPod shuffle als Memorystick verwenden

Im Einstellungsfenster können Sie ganz unten angeben, ob Sie einen Teil der Speicherkapazität des iPod shuffle als Speicherplatz reservieren möchten. So können Sie den iPod shuffle praktisch als Memorystick verwenden. Der iPod shuffle erscheint auf dem Schreibtisch des Mac oder im Windows Explorer.

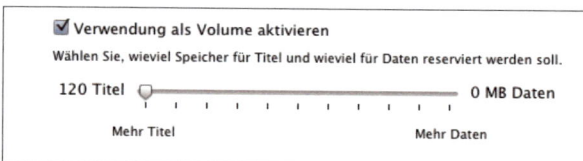

Aktivieren Sie den iPod als Festplatte und geben Sie an, wie viel MB Sie dafür freihalten möchten.

3

Wie funktioniert
der iPod?

Wenn Sie den iPod kaufen, ist die Festplatte leer, das heißt, dass noch keine Musik auf dem iPod gespeichert ist. Da Musik immer mithilfe eines Computers auf den iPod übertragen wird, speichern Sie diese daher zunächst auf dem Computer. Verwenden Sie für die Übertragung von Musik auf den iPod per Kabel das kostenlose Programm iTunes, das Sie aus dem Internet herunterladen können. Dieses Programm läuft sowohl auf Windows-Computern als auch auf Macs. Weitere Informationen zur Installation von iTunes finden Sie auf Seite 138.

Click Wheel

Das Click Wheel ist die runde Scheibe, mit der Sie den iPod bedienen. Der iPod shuffle hat im Vergleich zu allen anderen iPods ein etwas anderes Click Wheel. Es ist kleiner und einfacher, hat aber dieselbe Kreisform. Bei iPods der ersten Generation war es noch mechanisch, sprich, man konnte es tatsächlich drehen. Ab dem iPod der zweiten Generation wurde das mechanische Rad durch eines ersetzt, dass auf Fingerberührung reagiert. Die iPods der dritten Generation haben dasselbe Prinzip, weichen aber trotzdem von allen anderen iPods ab. Zusätzlich zu dem Rad befinden sich nämlich vier kleine runde Tasten direkt unter dem Display. Dieses Konzept hatte nicht lange Bestand. Die vier Tasten unter dem Display sind auf iPods späterer Generationen nicht mehr zu finden, dort sind die Tasten völlig in das Rad integriert. Das Rad ist multifunktional. Sie können damit scrollen, indem Sie mit einem Finger leicht darüber fahren. Unter dem Rad befinden sich außerdem Drucktasten. Da a6lles in einem Rad integriert wurde, bleibt die Bedienung des iPod sehr einfach, da Sie den iPod jederzeit mit einer Hand bedienen können. Das Rad lässt sich dabei bequem mit dem Daumen steuern. Es klingt vielleicht seltsam, aber ebenso wie es einen Mausarm gibt, gibt es seit kurzem auch den *iPod-Daumen*. Wenn Sie lange genug mit dem iPod spielen (tagelang), tritt dieses Phänomen auf. Glücklicherweise leiden wir, die Autoren dieses Buchs und begeisterte iPod-Benutzer, nicht darunter.

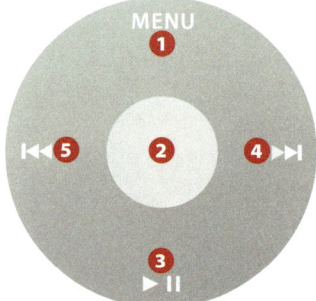

Unter dem Click Wheel der iPods der vierten und fünften Generation befinden sich vier Tasten.

Die fünf Tasten

1 **Menu:** Mit dieser Taste kehren Sie zum übergeordneten Menü zurück. Auf vielen iPods geht die Hintergrundbeleuchtung an, wenn Sie diese Taste lange gedrückt halten. Erst ab iPod nano und video wurde diese Funktion abgeschafft, da bei diesen die Hintergrundbeleuchtung immer angeht, sobald Sie das Click Wheel berühren. Halten Sie die Menu-Taste auf diesen iPods lange gedrückt, um direkt zum Hauptmenü zu gelangen.

2 **Mitte-Taste:** Wählen Sie mit dieser Taste die Menüeinträge des iPod aus. Sie bewegen sich also im Menü vorwärts. Verwenden Sie diese Taste auch während der Wiedergabe, um weitere Informationen (wie z.B. das Cover oder die Anzahl der Sterne) anzuzeigen oder zu ändern.

3 **Start/Pause:** Indem Sie diese Taste drücken, beginnt oder stoppt die Wiedergabe des ausgewählten Titels. Halten Sie die Taste länger als drei Sekunden gedrückt, schalten Sie den iPod aus.

4 **Nächster Titel:** Drücken Sie diese Taste kurz, um den nächsten Titel in der Wiedergabeliste anzusteuern. Halten Sie die Taste während der Wiedergabe länger als eine Sekunde gedrückt, spulen Sie schnell durch den Titel.

5 **Vorheriger Titel:** Wenn Sie diese Taste kurz drücken, gelangen Sie zum Anfang des Titels. Drücken Sie die Taste zweimal kurz hintereinander, erreichen Sie den vorherigen Titel. Drücken Sie während der Wiedergabe länger auf die Taste, spulen Sie vor. Das kann z.B. praktisch sein, wenn Sie eine bestimmte Stelle nochmal hören möchten.

Hold-Schalter

Mit dem Schalter **Hold** werden die Tasten gesperrt. Er sorgt dafür, dass die Tasten nicht versehentlich gedrückt werden, z.B. wenn Sie den iPod in eine Tasche legen. Bei eingeschaltetem Hold-Schalter kann die Musik nicht plötzlich lauter werden oder stoppen, weil Sie versehentlich eine Taste drücken. Es kann auch passieren, dass der iPod in der Tasche unbeabsichtigt angeht. Achten Sie daher darauf, dass Sie den Schalter auf Hold schieben, wenn Sie den iPod nicht benötigen, dann wird der iPod Sie nie mit einer unerwartet leeren Batterie enttäuschen.

Die Mitte-Taste

Die Mitte-Taste ist multifunktional und kann mit der ⏎-Taste auf der Tastatur verglichen werden. Sie wählen z.B. einen Titel aus, indem Sie die Mitte-Taste drücken. Drücken Sie während der Wiedergabe in die Taste, erscheint eine kleine Raute. Indem Sie über das Click Wheel fahren, können Sie schnell durch den Titel spulen und zum gewünschten Teil des Titels gelangen.

Das iPod-Display während der Wiedergabe eines Titels. Der Titelname, der Interpret sowie das Album werden angezeigt.

Drücken Sie einmal in die Auswahl-Taste, erscheint eine Raute im Verlaufsbalken. Drehen Sie jetzt über das Click Wheel, um durch den Titel zu spulen.

Wenn Sie einen iPod mit Farbdisplay besitzen, können Sie auch das Cover der CD auf dem iPod betrachten. In iTunes können Sie einfach Albumcover automatisch hinzufügen. Sie finden diese, indem Sie in iTunes **Erweitert/Albumcover laden** (M) bzw. **Erweitert/CD-Cover laden** (W) wählen. Hierzu benötigen Sie keine Apple ID. Weitere Informationen über Cover in iTunes finden Sie auf Seite 38. Sind die Cover in iTunes, können sie auch auf dem iPod betrachtet werden. Beim Synchronisieren mit dem Computer werden automatisch auch alle Cover auf den iPod übertragen. Drücken Sie während der Wiedergabe zweimal hintereinander in die Mitte-Taste, erscheint das Cover des Albums groß im Display.

Sie können Ihre Lieblingstitel mit Sternen bewerten. Drücken Sie dreimal hintereinander in die Mitte-Taste, dürfen Sie Sterne vergeben. Sie können also nicht nur in iTunes, sondern auch unterwegs auf dem iPod Titel bewerten. Fahren Sie mit dem Daumen über das Click Wheel, um die gewünschte Anzahl an Sternen zuzuweisen. Sobald der iPod wieder mit iTunes synchronisiert wird, werden alle zugewiesenen Bewertungen in iTunes kopiert.

Drücken Sie dreimal auf die Mitteltaste, um einen Titel mit Sternen zu bewerten. Drehen Sie nach links oder rechts über das Click Wheel.

🔘 Menüstruktur

Der iPod wird immer wegen seiner klaren Menüstruktur gerühmt. Ein Punkt, in dem er der Konkurrenz immer ein Stück voraus ist. In diesem Kapitel erläutern wir diese Menüstruktur. Leider unterscheidet sich das Menü jedes iPod ein wenig. Ausgangspunkt ist der iPod der fünften Generation. Wenn Sie einen anderen iPod besitzen, ist die Videooption nicht verfügbar.

Musik

Für alles, was mit der Wiedergabe von Musik zu tun hat.

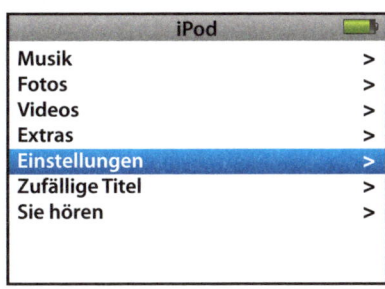

Fotos

Für das Betrachten von Fotos.

Videos

Für das Betrachten von Videos, nur auf iPods der fünften Generation.

Extras

Ihr iPod ist mit einer Reihe praktischer Extras versehen, unter anderem einer Weltzeituhr, einzelnen Spielen, Kontaktinformationen, einem Kalender, Notizen, einer Stoppuhr und eine Anzeigensperre.

Einstellungen

Wenn Sie z.B. die Sprache des iPod verändern oder den Klang anders einstellen möchten, wählen Sie den Eintrag **Einstellungen**.

Zufällige Titel

Wenn Sie die Titel nicht immer in derselben Reihenfolge wiedergeben möchten, wählen Sie die Option **Zufällige Titel**, die für die zufällige Reihenfolge sorgt.

Sie hören

Wählen Sie die Option **Sie hören**, wenn Sie zum aktuell wiedergegebenen Titel zurückkehren möchten. Sie können jetzt sehen, welcher Titel gerade läuft, oder innerhalb des Titels spulen.

Musik

Das Menü **Musik** ist eines der wichtigsten Menüs auf dem iPod, da der iPod natürlich hauptsächlich ein tragbarer Musik-Player ist. Wenn Sie das Musikmenü aufrufen, können Sie aus folgenden Optionen wählen: **Wiedergabelisten**, **Interpreten**, **Alben**, **Titel**, **Podcasts**, **Musikrichtungen**, **Komponisten** und **Hörbücher**.

Wiedergabelisten

Wenn Sie den Eintrag **Wiedergabelisten** wählen, sehen Sie alle von iTunes auf den iPod kopierten Wiedergabelisten. Eine Wiedergabeliste enthält Titel in der von Ihnen festgelegten Reihenfolge. Sobald Sie eine Wiedergabeliste abspielen, wird die von Ihnen vorgesehene Reihenfolge exakt eingehalten. Es ist praktisch, Wiedergabelisten nach Genre zu erstellen, z.B. eine Jazz-, Pop- oder Rockliste. Sie können auch eine Liste mit Titeln aus einer bestimmten Zeit anlegen oder Titel, die Sie an bestimmte besondere Ereignisse erinnern. Informationen zum Anlegen von Wiedergabelisten in iTunes finden Sie auf Seite 72.

Vielleicht fallen Ihnen einige Wiedergabelisten auf, die Sie nicht angelegt haben. Dabei handelt es sich um Wiedergabelisten, die iTunes automatisch erstellt. Sie können anhand der Namen erkennen, welche Titel sich in einer solchen Wiedergabeliste befinden, wie z.B. **Meine Top 25**, **Musik der 90er**, **Meine Lieblingstitel** oder **Zuletzt gespielt**.

Wählen Sie eine Wiedergabeliste aus, erscheinen alle Titel dieser Wiedergabeliste im Display. Scrollen Sie durch die Liste, indem Sie mit einem Finger über das Click Wheel fahren. Oben im Display sehen Sie den Namen der Wiedergabeliste. Möchten Sie einen Titel wiedergeben, wählen Sie diesen aus und klicken Sie in die Taste **Mitte**. Daraufhin beginnt die Wiedergabe des Titels.

Haben Sie einen Titel aus der Wiedergabeliste gewählt, zeigt der iPod diesen während der Wiedergabe an. Sie sehen den Titel, den Interpreten sowie das Album, aus dem der Titel stammt. Beim iPod photo, nano und iPods der fünften Generation können Sie außerdem das Cover der CD anzeigen, sofern dieses dem Titel in iTunes hinzugefügt wurde. Zudem sehen Sie die bereits verstrichene Zeit und die verbleibende Zeit bis zum Ende des Titels, was auch grafisch in Form eines Balkens angezeigt wird.

Mit dem iPod mitsingen

Ab dem iPod nano (somit auch mit iPods der fünften Generation) können Sie im Display Songtexte anzeigen, die in iTunes gespeichert wurden. Der Text wird im Informationsfenster eines Titels (siehe Seite 36) eingefügt. Nach einer Synchronisation finden Sie den Text, wenn Sie während der Wiedergabe viermal die Taste **Mitte** drücken.

On-the-go-Wiedergabeliste

Sie können nicht nur mit iTunes eine Wiedergabeliste erstellen. Das geht sogar unterwegs mit dem iPod. Eine solche Wiedergabeliste heißt **On-the-go**. Die On-the-go-Wiedergabeliste ist nur auf iPods mit Dock-Anschluss verfügbar. Sie finden die On-the-go-Wiedergabeliste ganz unten im Menü **Wiedergabelisten**. Das Erstellen einer On-the-go-Wiedergabeliste ist ganz einfach:

1. Suchen Sie einen Titel, den Sie in die neue Liste aufnehmen möchten.

2. Haben Sie einen Titel, den Sie zur On-the-go-Wiedergabeliste hinzufügen möchten, halten Sie die Taste **Mitte** gedrückt, bis der Titel beginnt zu blinken. Damit wird bestätigt, dass der Titel zur On-the-go-Wiedergabeliste hinzugefügt wurde.

3. Wiederholen Sie diese Schritte, bis die Wiedergabeliste fertig ist.

4. Wenn Sie die On-the-go-Wiedergabeliste wiedergeben möchten, wählen Sie im Menü **Wiedergabelisten** die **On-the-go-Wiedergabeliste**. Sie sehen nun eine Auflistung aller Titel, die Sie hinzugefügt haben.

5. Um die Wiedergabeliste zu löschen, steuern Sie diese an und wählen **Wiedergabeliste löschen**. Daraufhin werden alle Titel aus der On-the-go-Wiedergabeliste entfernt.

Sie können auch mehrere On-the-go-Wiedergabelisten anlegen und speichern. Nachdem Sie eine Reihe Titel für die On-the-go-Wiedergabeliste ausgewählt haben, können Sie diese speichern, indem Sie **Wiedergabeliste speichern** auswählen. Die Wiedergabeliste wird unter dem Namen **Wiedergabeliste 1** gespeichert. Speichern Sie weitere Wiedergabelisten, erhalten diese eine laufende Nummer. So geht Ihnen unterwegs keine Wiedergabeliste verloren. Sobald Sie den iPod wieder mit dem Computer synchronisieren, erscheint die gespeicherte Wiedergabeliste auch in iTunes unter **Wiedergabelisten** im Quellenbereich.

Interpreten

Wenn Sie das Menü **Interpreten** wählen, erfolgt eine Auflistung aller Interpreten in alphabetischer Reihenfolge. Wählen Sie nun einen Interpreten, werden alle auf dem iPod gespeicherten Alben des Interpreten eingeblendet. Klicken Sie in **Alle**, um alle Titel des Interpreten aufzulisten.

Alben

Sie können eine Übersicht aller auf dem iPod gespeicherten Alben anzeigen. Rufen Sie das Menü **Album** auf, wählen Sie ein Album und dann dessen ersten Titel. Das Album wird daraufhin wie von CD wiedergegeben. Auch im **Album**-Menü gibt es den Eintrag **Alle**. Wählen Sie diesen aus, werden alle Titel aller Alben aufgelistet.

Titel

Möchten Sie eine Übersicht aller Titel auf dem iPod, wählen Sie das Menü **Titel**. Daraufhin erscheint eine Liste aller Titel, die auf dem iPod gespeichert sind. Höchstwahrscheinlich sind das sehr viele, sodass diese Liste vermutlich nicht besonders übersichtlich sein wird.

Podcasts

Podcasts sind Internetsendungen, die heruntergeladen und dann auf dem iPod gespeichert werden können. Sie lassen sich zu jedem gewünschten Zeitpunkt wiedergeben. Im Menü **Podcast** sehen Sie alle Podcasts übersichtlich untereinander. Auf iPods mit Click Wheel finden Sie Podcasts im Menü **Musik**, bei älteren iPods bei den Wiedergabelisten.

Musikrichtungen

Die Titel lassen sich nach Musikrichtungen sortieren. Leider wird jedoch nicht zu jedem Titel das Genre angegeben. Daher ist es fraglich, ob der iPod alle Titel richtig einsortiert. In iTunes können Sie (manuell) zu jedem Titel die Musikrichtung angeben. Glücklicherweise ist die Auswahl sehr groß, sodass auch weniger bekannte Musikrichtungen in der Liste vorkommen.

Komponisten

Insbesondere bei klassischer Musik ist es praktisch, nach dem Komponisten zu suchen. Wenn Sie das Menü **Komponisten** wählen, sehen Sie alle Komponisten untereinander aufgelistet. Auch hier wird vorausgesetzt, dass der Komponist in iTunes angegeben wurde.

Hörbücher

Vor allem in den USA sind Hörbücher sehr beliebt, auch in Europa gewinnen sie immer mehr an Popularität. Wenn Sie Hörbücher auf dem iPod gespeichert haben, werden sie in diesem Menü aufgelistet. Sie können Hörbücher im iTunes Store oder bei www.audible.de erwerben. Weitere Informationen dazu finden Sie auf Seite 135.

Titelinformationen

Wenn Sie auf dem iPod nach einem Titel suchen, ist es wichtig, dass die Titelinformationen korrekt sind. Nur so können Sie direkt nach einem Interpreten oder dem richtigen Album suchen. Die Information wird in iTunes innerhalb der Titel gespeichert. Weitere Informationen zum Hinzufügen von Informationen (Interpret, Album, Genre etc.) finden Sie auf Seite 34.

Fotos

Mit dem iPod photo, dem iPod nano und iPods der fünften Generation lassen sich auch Fotos betrachten. Lesen Sie auf Seite 91, wie Sie Fotos auf Ihren iPod übertragen. Sobald sich Fotos auf dem iPod befinden, übernimmt iTunes die Ordnerstruktur der Fotos. Wählen Sie einen Ordner, um die enthaltenen Fotos anzuzeigen. Drehen Sie über das Click Wheel, um durch die Fotos zu blättern.

Hat Ihr iPod ein Farbdisplay, können Sie Fotos darauf anzeigen.

Indem Sie im Menü in **Fotoarchiv** klicken, erhalten Sie eine Übersicht aller auf dem iPod gespeicherten Fotos. Bewegen Sie einen Finger über das Click Wheel, um nach unten zu scrollen. Drücken Sie die Taste **Mitte**, wenn Sie ein Bild in voller Größe sehen möchten. Natürlich können Sie auch bestimmte Ordner wählen, wie in diesem Beispiel „Urlaub Spanien", um die Fotos aus diesem Ordner zu betrachten.

Wählen Sie im Menü **Fotos** die Option **Diashow-Einstellungen**, können Sie Einstellungen in folgenden Untermenüs vornehmen.

Dauer pro Dia

In diesem Menü legen Sie fest, wie lange die einzelnen Fotos während einer Diashow angezeigt werden. Sie können einstellen, dass dies automatisch nach 2, 3, 5, 10 oder 20 Sekunden erfolgt oder dass Sie manuell weitergehen. Das folgende Foto wird in dem Fall nur angezeigt, wenn Sie in die Taste **Mitte** des Click Wheel drücken.

Musik

Sie können eine Diashow mit Musik untermalen. Damit können Sie beim Betrachten bestimmte Erinnerungen wecken. Klicken Sie in **Musik**, um dazu einen Titel von Ihrem iPod auszuwählen.

Wiederholen

Sie können eine Diashow laufend wiederholen. Ist der iPod an ein Fernsehgerät angeschlossen, kann diese Einstellung bei einer Feier oder Ausstellung sehr gut zur Unterhaltung beitragen. Dazu benötigen Sie ein AV-Kabel, siehe Seite 149.

Shuffle Fotos

Indem Sie die Option **Shuffle Fotos** einschalten, werden alle Fotos in zufälliger Reihenfolge angezeigt. Ein wenig Abwechslung kann schließlich nie schaden.

Übergänge

Hier legen Sie die Übergänge zwischen den Fotos einer Diashow fest. Sie haben die Wahl zwischen **Zufall**, **Würfel - quer**, **Würfel - nach unten**, **Auflösen**, **Umblättern**, **Schieben - quer**, **Schieben - nach unten**, **Radial**, **Wirbel**, **Wischen - quer**, **Wischen - nach unten** und **Wischen - ab Mitte**.

TV-Ausgang

Der iPod photo und iPods der fünften Generation können mithilfe eines Audio/ Videokabels (siehe Seite 149) an ein Fernsehgerät angeschlossen werden. Im Menü **TV-Ausgang** legen Sie fest, ob Sie den Videoausgang verwenden oder die Bilder ausschließlich auf dem Display des iPod anzeigen möchten. Sie können auch einstellen, dass der iPod jedes Mal bei der Wiedergabe eines Videos oder Fotos fragt, ob diese auf einem Fernsehgerät oder auf dem iPod betrachtet werden sollen. Die Verwendung des Videoausgangs kostet viel Strom, daher sollten Sie diese Einstellung nur im Ausnahmefall nutzen. Das Farbdisplay des iPod verbraucht weitaus weniger Strom.

TV-Signal

Weltweit werden zwei verschiedene TV-Standards verwendet, NTSC in Amerika und PAL in Europa. Der Unterschied liegt in der Anzahl der Bildzeilen auf dem Bildschirm. Stellen Sie hier also **PAL** ein.

Videos

Im Menü **Video** finden Sie alles, was mit bewegten Bildern zu tun hat. Dieses Menü ist nur auf iPods der fünften Generation verfügbar.

Geben Sie auf iPods mit Videofunktionen auch Videos wieder.

Video-Wiedergabeliste

Wie für Musik können Sie in iTunes auch für Videos Wiedergabelisten anlegen. Bringen Sie verschiedene Videos in eine bestimmte Reihenfolge und speichern Sie diese in einer Wiedergabeliste.

Filme

Sie finden alle auf dem iPod befindlichen Filme in diesem Menü. Sie starten einen Film, indem Sie diesen auswählen und dann in die mittlere Taste des Click Wheel drücken.

Musikvideos

Im iTunes Music Store kann einiges an Videomaterial heruntergeladen werden, wie z.B. Videoclips. Sie finden alle auf dem iPod befindlichen Musikclips im Menü **Musikvideos**.

Videopodcasts

Videopodcasts werden immer beliebter, dabei handelt es sich um aufgezeichnete Videos, die Sie aus dem Internet herunterladen und später zu jedem beliebigen Zeitpunkt auf dem iPod wiedergeben können. Sie finden alle Videopodcasts im gleichnamigen Menü.

Video-Einstellungen

Unter **Video-Einstellungen** legen Sie z.B. fest, dass Sie alle Videos auf einem angeschlossenen Fernsehgerät betrachten können. Die Einstellungen entsprechen denen im Foto-Menü.

Video wiedergeben

Wenn Sie ein Video zur Wiedergabe auswählen, kann es eine kleine Verzögerung geben, da der iPod zunächst einen Teil zwischenspeichert. Das dauert bei Videos gewöhnlich etwas länger als bei Musik.

Betrachten Sie ein Video auf Ihrem iPod, möchten Sie vielleicht innerhalb des Films vor- oder zurückspulen. Genau wie bei Musik drücken Sie zuerst die Taste **Mitte** und fahren Sie danach (während die Wiedergabezeit und der Indikatorbalken ins Bild kommen) mit dem Daumen über das Click Wheel. Das funktioniert sowohl während der Wiedergabe als auch während das Video gestoppt wurde.

Das Spulen innerhalb eines Videos funktioniert wie bei Musik. Der Indikatorbalken erscheint, nachdem Sie die Taste **Mitte** auf dem iPod drücken.

Extras

Die neuesten iPods sind mit einer Reihe praktischer Zusatzfunktionen ausgestattet. Denken Sie z.B. an eine Weltzeituhr, Spiele, Kontaktdaten, einen Kalender usw. Sie finden diese Funktionen im Menü **Extras**.

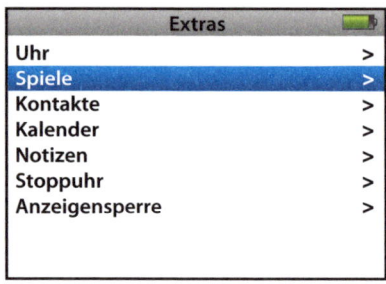

Der iPod kann viel mehr, als Musik wiederzugeben. Spielen Sie z.B. ein Spiel.

Uhr

Seit den iPods der dritten Generation besitzen diese eine Uhr. Seit Erscheinen des iPod nano ist Apple noch einen Schritt weitergegangen: Der iPod nano und die iPods der fünften Generation haben eine integrierte Weltzeituhr. Sie können Uhrzeiten für verschiedene Großstädte abrufen und sehen so mit einem Blick, wie spät es z.B. in Kalifornien ist. Sie können auch einstellen, dass der iPod nach einer bestimmten Zeitspanne ausgeht. So können Sie vor dem Einschlafen noch etwas Musik hören. Dabei haben Sie die Wahl zwischen 15, 30, 60, 90 oder 120 Minuten. Der iPod schaltet sich dann nach der festgelegten Dauer automatisch aus. Bei den älteren iPods finden Sie dieses Menü unter **Einstellungen**.

Des Weiteren können Sie auch vom iPod geweckt werden. Diese Funktion ist praktisch, wenn Sie den iPod in Kombination mit Lautsprechern verwenden. Zu einer im voraus festgelegten Zeit schaltet sich der iPod automatisch ein. Sie können selbst festlegen, mit welchem Titel die Wiedergabe beginnt.

Spiele

Wenn Sie sich die Zeit vertreiben möchten, können Sie auf dem iPod sogar spielen. Die neuesten iPods bringen vier Spiele mit.

Brick ist ein Spiel, bei dem ein springender Ball Steine zerschlägt. Lassen Sie den Ball stets vom Schläger abprallen, um das nächste Level zu erreichen.

Beim **Music Quiz** gibt der iPod kurze Ausschnitte eines gespeicherten Titels wieder. Sie müssen so schnell wie möglich aus mehreren möglichen Antworten den richtigen Titel wählen. Wie gut sind Ihre Musikkenntnisse?

Bei **Parachute** ist es Ihre Aufgabe, alle Fallschirme abzuschießen, bevor Sie den Boden erreichen. Je weiter Sie kommen, desto mehr wird Ihr Reaktionsvermögen auf die Probe gestellt.

Natürlich darf auf dem iPod kein Kartenspiel fehlen. Die neuesten iPods bieten das bekannte Kartenspiel **Solitaire**. Nehmen Sie eine Karte mit der Taste **Mitte** auf und drehen Sie am Click Wheel, um sie an der passenden Stelle durch erneutes Drücken der Taste abzulegen.

Für iPods der fünften Generation lassen sich zudem Spiele aus dem iTunes Store herunterladen. Die installierten Spiele landen in diesem Menü. Weitere Informationen finden Sie auf Seite 114.

Kontakte

Sie können alle Kontakte vom Computer auf den iPod kopieren. Haben Sie als Mac-Anwender Kontakte im **Adressbuch** gespeichert, können Sie diese mit dem iPod synchronisieren, wenn dieser an den Computer angeschlossen ist und iTunes gestartet wird. Weitere Informationen zum Speichern von Kontaktdaten auf dem iPod finden Sie auf Seite 98.

Kalender

Auch Ihr digitaler Kalender lässt sich mit dem iPod synchronisieren. Auf dem Mac werden automatisch alle Informationen aus iCal auf den iPod übertragen, sobald Sie iTunes starten und eine Verbindung zwischen iPod und Computer besteht. Auf dem PC werden alle Outlook-Daten auf den iPod übertragen. Weitere Informationen finden Sie auf Seite 97.

Übertragen Sie Termine und Notizen auf den iPod. Vergessen Sie nie wieder einen Geburtstag oder einen Termin.

Notizen

Seit der dritten Generation können kleine Notizen auf dem iPod gespeichert werden. Diese Notizen dürfen nicht größer als 4 KB oder 4096 Zeichen sein. Zum Speichern von Testdateien muss der iPod für die Verwendung als Festplatte eingestellt werden, er muss also auf dem Schreibtisch sichtbar sein, wenn er angeschlossen ist. Legen Sie eine Textdatei in den Ordner **Notizen**, kann diese Datei auf dem iPod abgerufen werden.

Stoppuhr

Seit dem iPod nano beinhaltet die Ausstattung auch eine Stoppuhr. Der iPod kann mehrere Zeiten speichern und eine Übersicht der schnellsten, langsamsten und durchschnittlich gestoppten Zeit anzeigen.

Anzeigensperre

Auch die Anzeigensperre ist eine neue Funktion, die als Erstes beim iPod nano zum Einsatz kam. Mit der Anzeigensperre, die mit einem einfachen Fahrradschloss zu vergleichen ist, schützen Sie den iPod mit einem vierstelligen Zahlencode. Ist der iPod blockiert, kann nur die Taste **Wiedergabe/Pause** verwendet werden. Auch bei einem Reset des iPod bleibt die Sperre aktiv. Wenn der iPod jedoch völlig neu formatiert und erneut installiert wird, löst sich die Sperre.

Der Dock-Anschluss

Fast jeder iPod besitzt einen Dock-Anschluss, lediglich die älteren Modelle (iPods der ersten und zweiten Generation) und der iPod shuffle haben keinen. Der Dock-Anschluss befindet sich an der Unterseite des iPod. Hier schließen Sie das Kabel an, mit dem Sie den iPod laden oder mit dem Computer verbinden. Hersteller von iPod-Zubehör machen dankbaren Gebrauch davon. Ein Ladegerät für das Auto, ein Zusatzakku für unterwegs, tragbare Lautsprecher, alles wird über den Dock-Anschluss verbunden.

 Sie erkennen den Dock-Anschluss an diesem Symbol.

Je nach iPod können Sie diesen über einen USB- oder FireWire-Anschluss (auch IEEE1394 genannt) an den Computer anschließen.

Apple propagierte immer den FireWire-Anschluss. FireWire sorgt statistisch gesehen für die schnellste Datenübertragung und die meisten Apple-Computer sind mit einem FireWire-Anschluss versehen. PCs dagegen häufig nicht, sie verwenden meist einen USB-Anschluss. USB konnte die Geschwindigkeit von FireWire früher mit Abstand nicht erreichen. Einen iPod mit Musik zu füllen, dauerte Stunden. Mit der Entwicklung von USB 2.0 hat sich das geändert. USB 2.0 verwendet immer noch die gleichen Stecker, Sie müssen also keine neuen Kabel kaufen. Allerdings muss Ihr Computer USB 2.0 unterstützen. USB ist immer noch etwas langsamer als FireWire, da USB den Prozessor des Computers in Anspruch nimmt, was bei FireWire nicht der Fall ist.

Die iPods der ersten und zweiten Generation funktionierten nur mit FireWire. Mit der dritten Generation stellte Apple den Dock-Anschluss vor. Ab diesem Zeitpunkt konnte der iPod wahlweise mit FireWire oder USB angeschlossen werden. Da USB weltweit am weitesten verbreitet ist, um Geräte an den PC anzuschließen, verkauft Apple jetzt viel mehr iPods. Bei iPods der neuen Generation können Sie ausschließlich USB verwenden, um Titel auf den iPod zu übertragen. Da FireWire von den neuesten iPods nicht mehr unterstützt wird, ist der iPod wesentlich flacher geworden, was natürlich von Vorteil ist.

4

Wiedergabelisten

Es ist klasse, Musik nicht nur aus der Bibliothek wiederzugeben, sondern in die gewünschte Reihenfolge zu bringen, was Sie in iTunes mithilfe von Wiedergabelisten tun. Dabei handelt es sich um eine Art Unterbibliothek, in die Sie nach Herzenslust Titel einfügen, deren Reihenfolge ändern und vielleicht einzelne Titel wieder entfernen, ohne dass diese von der Festplatte gelöscht werden. Die in iTunes erstellten Wiedergabelisten werden auch auf dem iPod sichtbar und können zum Brennen von CDs genutzt werden.

Wiedergabeliste anlegen

1 Klicken Sie unten links im iTunes-Fenster in **Hinzufügen** (**+**) oder wählen Sie **Ablage/Neue Wiedergabeliste** (M) bzw. **Datei/Neue Wiedergabeliste** (W). In der Liste **Quelle** erscheint unter **Wiedergabelisten** eine neue Wiedergabeliste.

2 Geben Sie der Wiedergabeliste mithilfe der Tastatur einen Namen.

3 Ziehen Sie die gewünschten Titel aus der Bibliothek in die Wiedergabeliste. Drücken Sie die **Umschalt**-Taste, um mehrere aufeinanderfolgende Titel auszuwählen. Halten Sie die ⌘-Taste (M) oder die Strg-Taste (W), um nicht unmittelbar aufeinanderfolgende Titel auszuwählen.

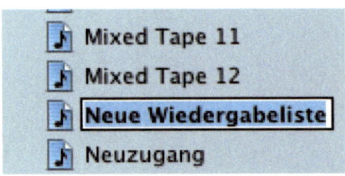

Sie können den Namen einer Wiedergabeliste ändern, indem Sie diesen doppelklicken.

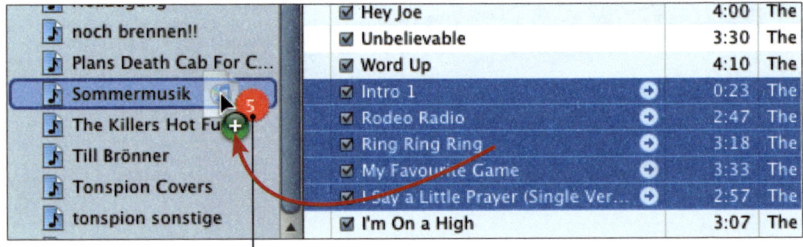

Der Mauszeiger erhält einen Kreis mit der Anzahl der Titel, die Sie der Wiedergabeliste hinzufügen.

Klicken Sie nun in den Namen der Wiedergabeliste, um diese anzuzeigen. Die Wiedergabe von Titeln in einer Wiedergabeliste funktioniert genau wie in der Bibliothek, doppelklicken Sie einen Titel, klicken Sie in die Wiedergabe-Taste oder drücken Sie die Leertaste.

Wiedergabelisten bearbeiten

Innerhalb einer Wiedergabeliste können Sie die Reihenfolge der Titel verändern, indem Sie einen Titel mit der Maus nach oben oder unten ziehen. Eine dünne schwarze Linie zeigt die neue Position des Titels an.

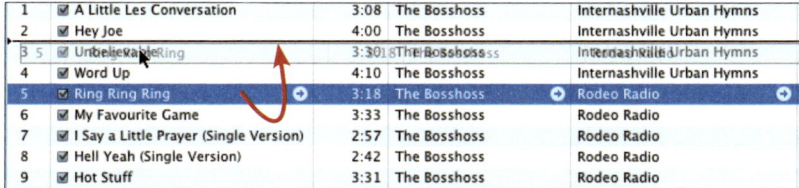

Ziehen Sie einen Titel, um diesen an eine andere Position zu bringen.

Unten im Fenster wird die Anzahl der in der Wiedergabeliste enthaltenen Titel sowie deren Dauer und Dateigröße angezeigt. Wenn Sie von der Wiedergabeliste eine CD brennen möchten, müssen Sie darauf achten, dass die Gesamtlänge der Titel nicht mehr als 74 Minuten beträgt.

15 Titel, 46,5 Minuten, 46,3 MB

Hier sehen Sie die Gesamtlänge der Musik in Minuten. Befinden sich mehr Titel in einer Wiedergabeliste, wird die Länge in Stunden oder Tagen angegeben.

Sie können den Namen einer Wiedergabeliste ändern, indem Sie diesen doppelklicken. Dabei wird der Name markiert und Sie können einen neuen Namen eingeben.

Tipps für Wiedergabelisten

Wiedergabelisten in eigenen Fenstern

Öffnen Sie eine Wiedergabeliste in einem eigenen Fenster, indem Sie das Symbol der Wiedergabeliste doppelklicken. Sie können nun bequem Titel aus der Bibliothek in die Wiedergabeliste ziehen, ohne die Übersicht zu verlieren. Natürlich lassen sich auch mehrere Wiedergabelisten in eigenen Fenstern öffnen, um so Titel von einer Wiedergabeliste zur anderen zu kopieren.

Wiedergabelisten schneller anlegen

Erstellen Sie schnell eine Wiedergabeliste, indem Sie zuerst die Titel in der Bibliothek auswählen und dann **Ablage/Neue Wiedergabeliste von Auswahl**

(M) bzw. **Datei/Neue Wiedergabeliste aus Auswahl** (W) wählen. Die neue Wiedergabeliste enthält die ausgewählten Titel. Sie müssen der Wiedergabeliste nur noch einen Namen geben und eventuell die Reihenfolge der Titel anpassen.

Der Name von Wiedergabelisten auf dem iPod

Es ist sinnvoll, die Namen von Wiedergabelisten so zu wählen, dass die meistgenutzten auf dem iPod möglichst weit oben angezeigt werden. Das erreichen Sie, indem Sie die Namen mit einem Bindestrich (-) beginnen, z.B. **- Lieblingsdancehits**. Der iPod zeigt diese Wiedergabeliste als erste und Sie müssen nicht so weit nach unten scrollen.

Von Wiedergabeliste zu Wiedergabeliste

Sie können eine ganze Wiedergabeliste zu einer anderen hinzufügen. Ziehen Sie in der Liste **Quelle** die gewünschte Wiedergabeliste in die andere, werden automatisch alle Titel zu dieser hinzugefügt.

Ordner mit Wiedergabelisten

Wenn Sie inzwischen eine Reihe von Wiedergabelisten angelegt haben und die Über-
sichtlichkeit leidet, können Sie im Quellenbereich Ordner erstellen. Wählen Sie dazu
Ablage/Neuer Ordner (M) bzw. **Datei/Neuer
Ordner** (W). Geben Sie dem Ordner einen
Namen, indem Sie diesen doppelklicken. Ziehen Sie dann die gewünschten Wiedergabelisten in den Ordner.

Titel aus einer Wiedergabeliste löschen

Um einen Titel aus einer Wiedergabeliste zu löschen, wählen Sie diesen aus und drücken Sie die Taste ⌈Entf⌉ oder ⌈←⌉. Beachten Sie, dass sich der Titel damit immer noch in der Bibliothek von iTunes befindet. Der Grund dafür ist, dass in den Wiedergabelisten lediglich Verweise auf die Originale in der Bibliothek stehen. Möchten Sie einen Titel endgültig von Ihrer Festplatte löschen, wählen Sie diesen in der **Bibliothek** aus und drücken Sie die Taste ⌈Entf⌉ oder ⌈←⌉ auf der Tastatur. iTunes fragt daraufhin, ob Sie diesen Titel wirklich löschen möchten.

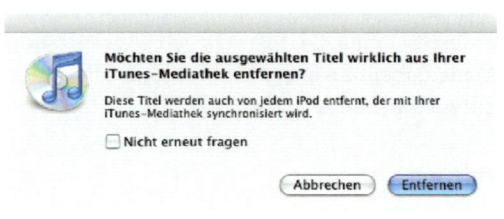

Wenn Sie einen Titel aus der **Bibliothek** löschen, fragt iTunes, ob Sie das tatsächlich möchten.

 iMix

Aus gelungenen Wiedergabelisten können Sie seit Bestehen des iTunes Store (dem Online-Musikvertrieb von Apple) einen *iMix* erstellen. Dabei handelt es sich um eine Veröffentlichung der Wiedergabeliste im iTunes Store, sodass jeder Ihre Musikvorschläge betrachten und gegebenenfalls kaufen kann.

Bevor Sie einen iMix erstellen, müssen Sie einen Account im iTunes Store anlegen. Wie das geht, lesen Sie auf Seite 104.

1. Wählen Sie die Wiedergabeliste, die Sie veröffentlichen möchten, und klicken Sie in den runden Pfeil.

2. Klicken Sie in die Taste **iMix erstellen**. Mit der Taste **Liste schenken** verschenken Sie die Titel der Wiedergabeliste über das Internet an jemanden (mehr dazu auf Seite 108).

3. Wenn Sie noch nicht im iTunes Store angemeldet sind, geben Sie jetzt Ihre Apple ID und Ihr Kennwort ein und klicken Sie in **Veröffentlichen**. Haben Sie noch keine Apple ID, lesen Sie bitte auf Seite 104 weiter.

4. Geben Sie dem iMix einen Namen und fügen Sie eine Beschreibung der Zusammenstellung ein. Klicken Sie anschließend in **Veröffentlichen**.

5. Der iMix wird daraufhin an den iTunes Store übertragen und kann von jedem Besucher betrachtet werden. Diese können den iMix mit Sternchen bewerten. Klicken Sie in die Taste **Freunden empfehlen**, können Sie die E-Mail-Adresse von jemandem eintragen, um ihn über den veröffentlichten iMix zu informieren.

Der Empfänger erhält eine E-Mail mit der Nachricht von der Veröffentlichung des iMix und der Angabe, welche Titel enthalten sind. Ein iMix bleibt für ein Jahr im iTunes Store online. Der iMix hat jedoch einen Nachteil: Ist ein Titel Ihrer Wiedergabeliste nicht im iTunes Store erhältlich, erscheint dieser auch nicht im iMix. Der Grund dafür ist, dass der Titel nicht heruntergeladen werden kann.

Sie können einen iMix einfach bearbeiten, indem Sie in den grauen Pfeil klicken, der neben dem Namen der Wiedergabeliste erscheint, sobald diese als iMix im Internet steht. Um einen iMix zu entfernen, müssen Sie im iTunes Store Ihre Account-Daten ändern (siehe Seite 104).

● Intelligente Wiedergabelisten

Neben dem manuellen Einfügen und Sortieren von Titeln können Sie mit iTunes Wiedergabelisten anlegen, die anhand festgelegter Kriterien automatisch entstehen. So lässt sich z.B. eine intelligente Wiedergabeliste mit dem Kriterium **Jazz** als Genre anlegen, woraufhin alle Titel aus der Bibliothek der Musikrichtung **Jazz** direkt in der Wiedergabeliste erscheinen. Importieren Sie zu einem späteren Zeitpunkt eine weitere CD mit Jazz, wird diese Musik automatisch zur Wiedergabeliste hinzugefügt. Dank intelligenter Wiedergabelisten kann iTunes das Sortieren und Ordnen von Musik unglaublich erleichtern.

1. Wählen Sie **Ablage/Neue intelligente Wiedergabeliste** (M) bzw. **Datei/ Neue intelligente Wiedergabeliste** (W). Im sich öffnenden Dialogfenster legen Sie die Kriterien für die intelligente Wiedergabeliste fest.

2. Wählen Sie z.B. **Genre** aus dem ersten Popup-Menü. Sie sehen, dass es unglaublich viele Kriterien zum Filtern der Titel gibt.

3. Wählen Sie im zweiten Popup-Menü z.B. **enthält**.

4. Fügen Sie im Textfeld die Musikrichtung ein, nach der Sie filtern möchten.

5. Klicken Sie in **OK** und vergeben Sie einen aussagekräftigen Namen.

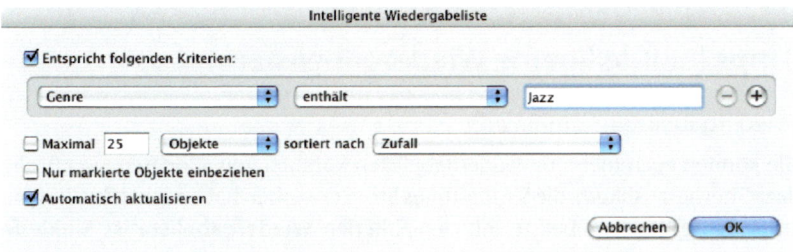

Die Kriterien für intelligente Wiedergabelisten lassen sich detailliert anpassen.

Intelligente Wiedergabeliste anpassen

Die Kriterien für intelligente Wiedergabelisten lassen sich jederzeit verändern. Wählen Sie dazu die intelligente Wiedergabeliste in der Liste **Quelle** und anschließend **Ablage/Intelligente Wiedergabeliste bearbeiten** (M) bzw. **Datei/ Intelligente Wiedergabeliste bearbeiten** (W). Daraufhin erscheint das Fenster, das Sie bereits kennen, nur dass die Kriterien der ausgewählten Wiedergabeliste bereits angegeben sind. Sie können diese nun nach Herzenslust ändern.

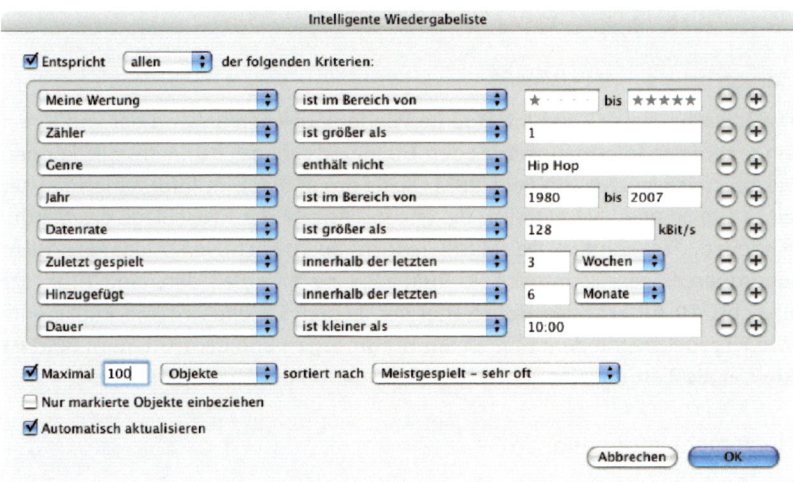

Intelligente Wiedergabelisten können auch mehrere Kriterien beinhalten.

Klicken Sie in die Taste mit dem Pluszeichen, um der Liste ein weiteres Kriterium hinzuzufügen. Sind Sie unzufrieden mit einem Kriterium, passen Sie dieses an oder entfernen Sie es, indem Sie in das Minuszeichen klicken. Sie können die Liste auf eine festgelegte Anzahl an Titeln oder Dauer einschränken. Das Feld **Automatisch aktualisieren** stellt in aktiviertem Zustand sicher, dass die intelligente Wiedergabeliste zu jeder Zeit aktuell ist. Sollten die Titel nicht alle, sondern nur einigen Kriterien entsprechen, wählen Sie im Popup-Menü **Entspricht** den Eintrag **einigen** anstelle von **allen**.

Tipps für intelligente Wiedergabelisten

Wiedergabelisten kombinieren

Sie können auch mehrere Wiedergabelisten kombinieren. Möchten Sie z.B. alle Jazz-Titel herausfiltern, die Sie im iTunes Store erworben haben, erstellen Sie eine intelligente Wiedergabeliste mit den Kriterien **Wiedergabeliste ist Einkäufe** und **Genre enthält Jazz**.

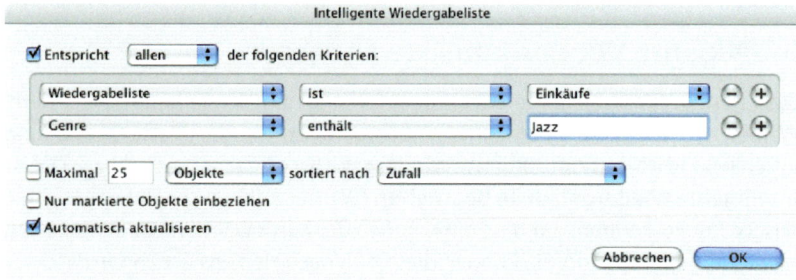

Kombinieren Sie mehrere (intelligente) Wiedergabelisten miteinander.

Ruhige oder schnelle Musik

Die Tatsache, dass iTunes intelligente Wiedergabelisten anhand der von Ihnen eingegebenen Informationen zu den Titeln und Alben zusammenstellt, können Sie trickreich nutzen. Im Feld **BPM** (*Beats pro Minute*) im Informationsfenster eines Titel können Sie natürlich die genaue Anzahl der Taktschläge pro Minute eingeben. Sie können die Musik jedoch auch nach verschiedenen Stilen einordnen. Fügen Sie in das Feld **BPM** z.B. eine **1** für Balladen, eine **2** für Jazz usw. bis **10** für schnelle House-Titel ein. Legen Sie danach eine intelligente Wiedergabeliste mit dem Namen **Sonntagmorgen** und dem Kriterium **BPM ist kleiner als 3** an, um eine Wiedergabeliste mit ruhiger Musik zu erhalten.

Noch mehr Informationen

Das Feld **Kommentar**, das sich ebenfalls im Informationsfenster eines Titels befindet, ist sehr praktisch. Darin lässt sich alles notieren, was Sie möchten.

So können Sie z.B. die Namen Ihrer Kinder bei deren Lieblingtiteln notieren (siehe Seite 35). Erstellen Sie danach eine Wiedergabeliste mit dem Namen des Kindes, z.B. Thalia, und geben Sie als Kriterium **Kommentar enthält Thalia** an. Sie können beliebig viele Namen in das Feld **Kommentar** eingeben, in dieser Wiedergabeliste landen nur die Titel, in deren Kommentar **Thalia** vorkommt.

Ihre eigenen Top 40

Wenn Sie mit Wertungen arbeiten, stellen Sie einfach Ihre eigenen Top 40 (oder vielleicht sogar Top 100) zusammen, die sich fortlaufend an die aktuellen Lieblingstitel anpassen. Versehen Sie Titel mit Sternchen, indem Sie in der Spalte **Meine Wertung** in die Punkte klicken. Es versteht sich von selbst, dass Sie mehr Sterne vergeben, je besser Sie einen Titel finden. Legen Sie dann eine Wiedergabeliste mit dem Kriterium **Meine Wertung ist im Bereich von *** bis ******* und beschränken Sie die Liste z.B. auf die vierzig meistgespielten Titel. Wenn Sie nun Sterne hinzufügen oder entfernen, verändert sich die Liste sofort.

	Album	Genre	Meine Wertun ▼
bles	Down In Albion	Alternative & Punk	★ ★ ★
bles	Down In Albion	Alternative & Punk	★ ★ ★
	Crossing All Over – V…	Rock	★ ★ ★

Bewerten Sie Ihre Lieblingstitel mithilfe von Sternen (siehe Seite 133).

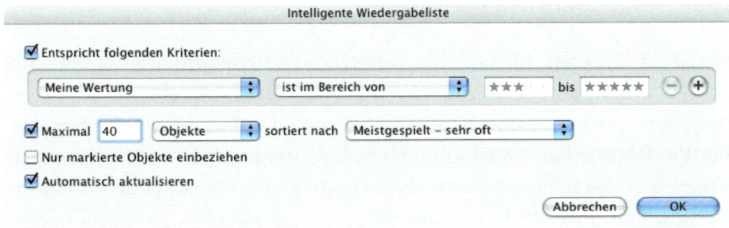

Erstellen Sie Ihre eigenen interaktiven Top 40.

Ist Ihr iPod voll?

Besitzen Sie einen iPod mit geringerer Speicherkapazität als die der gesammelten Titel in Ihrer Bibliothek und möchten Sie nicht jedes Mal manuell auswählen, welche Titel auf den iPod übertragen werden? Legen Sie einfach eine Wiedergabeliste an, die ein oder mehrere der folgenden Kriterien erfüllt: **Meine Wertung ist im Bereich von * bis *******, **Hinzugefügt innerhalb der letzten 4 Wochen** und begrenzen Sie die Liste auf 4 GB (wenn Sie einen iPod mini oder nano besitzen). Sortieren Sie die Titel nach **Zuletzt hinzugefügt**. Synchronisieren Sie den iPod nur mit dieser Wiedergabeliste, um stets Ihre zuletzt hinzugefügten Lieblingstitel dabei zu haben. Wie Sie den iPod mit einer bestimmten Wiedergabeliste synchronisieren, lesen Sie auf Seite 55.

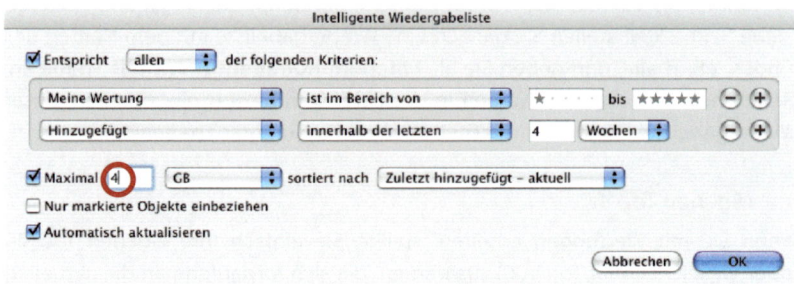

Erstellen Sie eine spezielle Wiedergabeliste für Ihren iPod.

CD brennen

iTunes eignet sich außerordentlich zum Brennen von Musik-CDs. Das ist besonders praktisch, wenn Sie eine Reihe von Titeln von verschiedenen Musik-CDs auf einer CD zusammenstellen oder einfach eine Kopie von einer CD anfertigen möchten, die Sie immer im Auto hören. Natürlich benötigen Sie einen internen oder externen CD-Brenner. Beachten Sie, dass das Brennen (sprich: Kopieren) von CDs in großem Umfang nicht legal und damit strafbar ist. Das Kopieren von CDs für Ihren eigenen Bedarf wird hingegen toleriert.

Um eine CD zu brennen, müssen Sie zunächst eine Wiedergabeliste mit den gewünschten Titeln anlegen. Soll die Musik-CD auch in einem CD-Player wiedergegeben werden können, müssen Sie darauf achten, dass die Gesamt-länge der Wiedergabeliste 74 Minuten nicht übersteigen darf, da eine leere CD mit 650 MB bis zu 74 Minuten an Musik enthalten kann. Es sind auch Rohlinge mit einer Kapazität von 700 MB erhältlich, die ca. 80 Minuten an Musik fassen. Informationen darüber, wie Sie eine Wiedergabeliste anlegen, finden Sie auf Seite 72.

1. Wählen Sie die Wiedergabeliste, die Sie auf CD brennen möchten.

2. Rechts unten im iTunes-Fenster erscheint die Taste **Brennen**. Klicken Sie in diese Taste.

3. iTunes fordert Sie nun auf, eine leere CD in den CD-Brenner einzulegen.

4. Nachdem Sie die CD eingelegt haben, beginnt iTunes direkt mit dem Brennen. Wenn der Brennvorgang beendet ist, ertönt ein Tonsignal und die CD erscheint in der Liste **Quelle**.

Eine CD kopieren

Sie können mit iTunes natürlich auch CDs kopieren, müssen die Titel der CD allerdings zuerst importieren. Das geht jedoch schnell, indem Sie eine neue Wiedergabeliste anlegen, deren Namen z.B. dem Namen des Albums entspricht, das Sie kopieren möchten. Sobald die CD im Quellenbereich sichtbar ist (nachdem Sie diese in das CD-Laufwerk eingelegt haben), ziehen Sie das Symbol der CD direkt in die soeben angelegte Wiedergabeliste. Die Titel der CD werden zwar alle zur Bibliothek hinzugefügt, aber auch direkt (in der korrekten Reihenfolge) in die Wiedergabeliste übernommen. Sobald iTunes den Import abgeschlossen hat, klicken Sie in die Wiedergabeliste und anschließend in **Brennen**. Das CD-Laufwerk öffnet sich und Sie können einen leeren CD-Rohling einlegen.

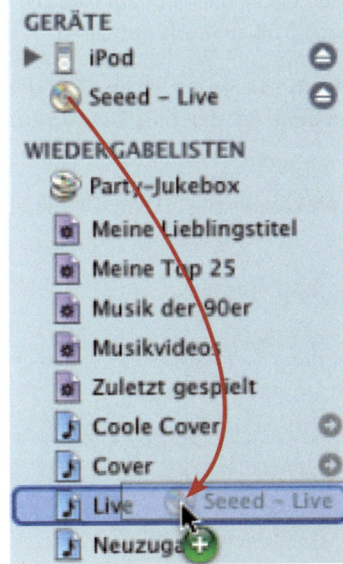

Ziehen Sie eine CD direkt in eine Wiedergabeliste, um daraus schnell eine CD zu brennen.

Cover drucken

Auf Seite 110 erfahren Sie, wie Sie einen CD-Einleger für die soeben gebrannte CD drucken. iTunes kann nämlich auch Cover drucken.

MP3-Dateien brennen

Heute können immer mehr Hi-Fi-Geräte auch MP3-Dateien von CD oder sogar DVD lesen. Das bedeutet, dass Sie komprimierte Musik auf CD brennen können und damit viel mehr auf eine herkömmliche 700 MB-CD bekommen. Das Gerät, auf dem Sie die Musik wiedergeben möchten, muss diese Funktion natürlich unterstützen. Lesen Sie dazu das Benutzerhandbuch des betreffenden Geräts.

1. Wählen Sie **iTunes/Einstellungen** (M) bzw. **Bearbeiten/Einstellungen** (W) und klicken Sie in **Erweitert** und **Brennen**.

2. Markieren Sie die Option **MP3-CD** und klicken Sie in **OK**.

3. Legen Sie jetzt wie gewohnt eine Wiedergabeliste an und achten Sie darauf, dass diese nicht größer als 700 MB wird. Möchten Sie die MP3s auf eine DVD brennen, sollte die Wiedergabeliste maximal 4,7 GB an Musik enthalten.

4. Klicken Sie rechts unten in **Brennen**, fordert iTunes Sie auf, einen CD- oder DVD-Rohling einzulegen. Daraufhin werden diese mit den MP3-Dateien aus der Wiedergabeliste beschrieben.

5. Wenn iTunes fertig ist, ertönt ein Signalton. Sie können die CD bzw. DVD jetzt auswerfen.

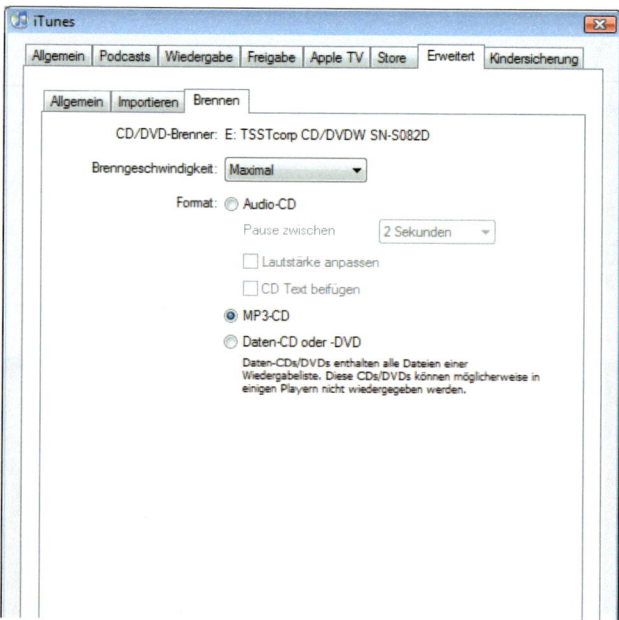

Die Einstellungen von iTunes für das Brennen von Musik auf CDs und DVDs

Achtung!

Wenn Sie eine MP3-CD gebrannt haben, bleibt diese Einstellung erhalten. Möchten Sie beim nächsten Mal wieder eine normale Musik-CD brennen, müssen Sie diese Einstellungen zuvor verändern.

Tipps für das Brennen von CDs

Alles in einer Lautstärke

iTunes kann die Lautstärke aller Titel aneinander anpassen, sodass die Titel in etwa der gleichen Lautstärke wiedergegeben werden. Wählen Sie **iTunes/Einstellungen** (M) bzw. **Bearbeiten/Einstellungen** (W), klicken Sie in **Wiedergabe** und markieren Sie das Feld **Lautstärke anpassen**. Das funktioniert auch für Musik, die Sie auf CD brennen möchten. Klicken Sie dazu in den iTunes-Einstellungen in **Erweitert** und den Tab **Brennen**. Markieren Sie dort das Feld **Lautstärke anpassen**, um die Titel mit einheitlicher Lautstärke auf CD zu brennen.

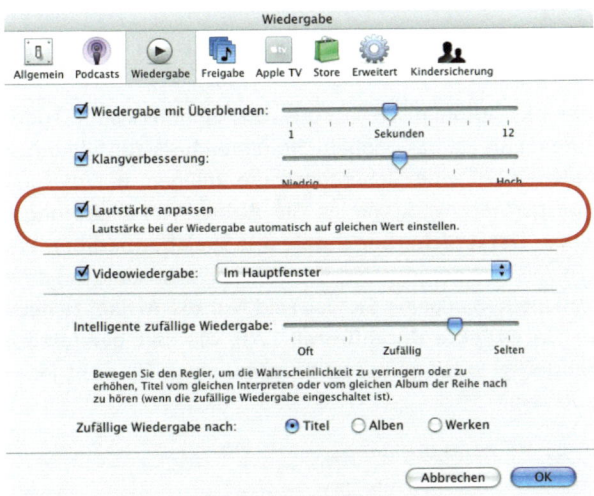

Markieren Sie das Feld **Lautstärke anpassen**, um die Musik einheitlich laut zu hören.

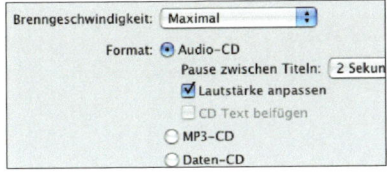

Die Lautstärkeanpassung sorgt dafür, dass alle Titel auf einer gebrannten CD gleich laut klingen.

Diese Option ist nicht nur für das Brennen von CDs, sondern natürlich auch für Ohren von Vorteil, wenn Sie Musik auf Ihrem iPod hören. Die Einstellung wird nämlich vom iPod übernommen.

Backup Ihrer Musik

Wenn Sie bereits dutzende oder hunderte CDs manuell importiert haben, können Sie diese Sammlung digitaler Musik speichern. Dazu eigenen sich DVDs in besonderem Maße, da sie eine große Datenmenge aufnehmen. Besitzen Sie keinen DVD-Brenner in Ihrem Computer und möchten mehr als 700 MB an Musik als Backup speichern? iTunes kann längere Wiedergabelisten auf mehrere Rohlinge verteilen. Sobald Sie eine Wiedergabeliste brennen möchten, die mehr Titel enthält, als auf den Rohling passen, erscheint darüber eine Meldung und iTunes fragt jedes Mal nach einem neuen Rohling, wenn der vorherige voll ist. Das funktioniert sowohl mit CDs als auch mit DVDs unabhängig davon, ob Sie eine Audio-CD oder MP3-CD brennen.

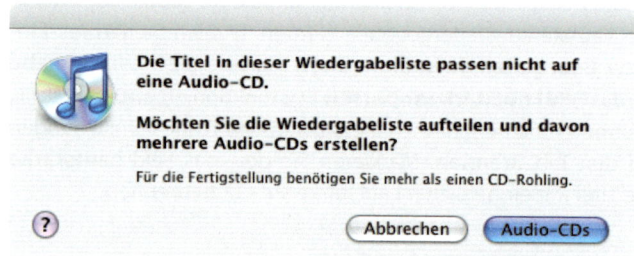

Klicken Sie in **Audio-CDs,** um alle Titel der Wiedergabeliste auf mehrere CDs zu brennen.

Seit iTunes 7 können Sie auch automatisch Backups von Ihrer Musik auf CD oder DVD brennen. Das Gute daran ist, dass, sobald Sie neue Musik zur Bibliothek hinzufügen und danach erneut eine Sicherheitskopie anlegen, nur die neu hinzugefügte Musik gespeichert wird. Wählen Sie **Ablage/Auf Sicherungsmedium sichern** (M) bzw. **Datei/Sicherheitskopie auf Speichermedium** (W). Sie können einstellen, ob Sie Ihre gesamte Musik oder nur die Einkäufe aus dem iTunes Store sichern möchten. Markieren Sie das Feld **Nur die Artikel sichern (Datensicherung nur für Objekte durchführen** (W)), **die seit der letzten Datensicherung hinzugefügt oder geändert wurden,** wenn Sie nicht jedes Mal alles speichern möchten.

Seit iTunes 7 lassen sich Sicherheitskopien der Musik, Podcasts und Filme speichern.

5

Weitere iTunes-Funktionen

Wenn Sie eine Zeitlang mit iTunes gearbeitet haben, werden Sie die Musik wahrscheinlich immer öfter im Shuffle-Modus wiedergeben. Das heißt, die Musik wird in völlig zufälliger Reihenfolge abgespielt. So kommen Sie in den Genuss von Titeln, die Sie normalerweise eher selten hören würden. Manchmal möchten Sie vielleicht trotzdem Einfluss auf die Titel nehmen.

Party-Jukebox

Trotz des Namens dürfen Sie diese Funktion natürlich nicht nur auf Partys nutzen. Der Vorteil ist, dass iTunes die Titel zwar in willkürlicher Reihenfolge wiedergibt, dabei jedoch eine feste Anzahl der folgenden Titel anzeigt. Klicken Sie im Quellenbereich in **Party-Jukebox**, um diese zu öffnen.

Der blau unterlegte Titel wird aktuell wiedergegeben. Darunter sind die folgenden Titel der Reihe nach aufgeführt. Ändern Sie die Reihenfolge, indem Sie die Titel an eine andere Position in der Liste ziehen. Zudem können Sie Titel aus der Bibliothek oder einer Wiedergabeliste in die Jukebox ziehen.

Sie können auch bereits gespielte Titel wieder in die Liste ziehen.

Wählen Sie hier, wie viele Titel Sie in der Liste anzeigen möchten.

iTunes bezieht die Titel aus der hier angegebenen Quelle.

Klicken Sie in die Taste **Aktualisieren**, um die Liste der anstehenden Titel neu zu erstellen.

Markieren Sie dieses Feld, wenn Sie Ihre Lieblingstitel (die mit vielen Sternen) häufiger hören möchten.

● Internetradio

Mit iTunes können Sie Live-Sendungen von Radiostationen anhören. Das geschieht nicht über Kabel oder Antenne, sondern über das Internet. Der Vorteil von Internetradio besteht darin, dass Sie Sender aus der ganzen Welt empfangen können. Natürlich sollten Sie über eine ausreichend schnelle Internetverbindung verfügen (ADSL oder Kabel), um die Radiosender gut empfangen zu können. Ist die Internetverbindung zu langsam, stottert der Sound, da die Sendungen als *Streams* übertragen werden.

Ein Stream ist eine MP3-Datei, die fortlaufend übertragen wird. iTunes empfängt diese MP3-Datei und gibt diese direkt wieder. Sie müssen daher nicht zuerst die ganze MP3-Datei herunterladen. iTunes kann leider nur MP3-Dateien streamen. Wenn Sie Radiosender hören möchten, die ein anderes Format als MP3 verwenden, können Sie den Quicktime Player von Apple (www.apple.com/quicktime), den Windows Media Player von Microsoft (www.windowsmedia.com) oder RealOne von RealNetworks (www.real.com) einsetzen.

Radiowiedergabe

1. In der Liste **Quelle** finden Sie die Taste **Radio**. Ist diese nicht vorhanden, wählen Sie **iTunes/Einstellungen** (M) bzw. **Bearbeiten/Einstellungen** (W) und markieren auf dem Tab **Allgemein** unter **Anzeigen** das Feld **Radio**.

2. Im Fenster erscheinen die verfügbaren Internetradiosender nach Musikrichtung geordnet.

3. Klicken Sie in das Dreieck eines Genres.

4. Doppelklicken Sie einen Sender, den Sie hören möchten.

Klicken Sie in **Radio,** um über das Internet Radio zu hören.

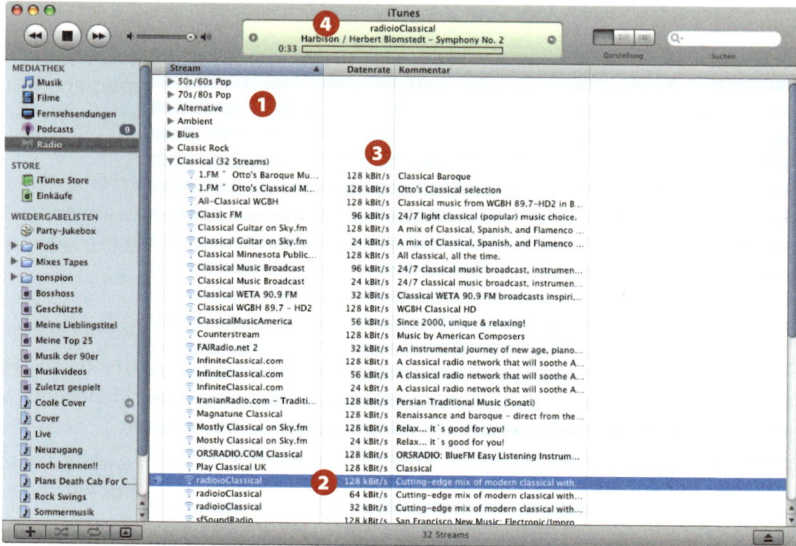

1 Alle Genres (sprich: *Streams*) in alphabetischer Reihenfolge. Klicken Sie in ein Dreieck, um alle Radiosender dieses Genres zu betrachten. Da die Streams aus dem Internet bezogen werden, kann es etwas dauern, bevor die Sender angezeigt werden.

2 Doppelklicken Sie einen Sender, um diesen wiederzugeben.

3 Je höher die Zahl in der Spalte **Datenrate**, desto besser ist die Qualität der Ausstrahlung. Bedenken Sie, dass für eine größere Datenrate auch eine schnellere Internetverbindung erforderlich ist. Probieren Sie es einfach aus, solange der Ton nicht stottert, ist die Verbindungsgeschwindigkeit gut.

4 Sie sehen sogar, welcher Titel gerade läuft. iTunes zeigt an, wie lange Sie den bereits hören, Sie können allerdings nicht vor- oder zurückspulen.

Radiosendungen aufnehmen

iTunes kann Sendungen von Internetradiosendern nicht aufnehmen. Dazu benötigen Sie die Software eines Drittherstellers, von denen einige kostenlos, andere kostenpflichtig sind. Für den Mac gibt es das Programm Audio Hijack von Rogue Amoeba Software (www.rogueamoeba.com/audiohijack) und auf dem PC können Sie z.B. StationRipper (www.stationripper.com) verwenden. Die Dateien, die diese Programme erzeugen (meist MP3 oder AAC), können Sie wieder in iTunes importieren und zu einem späteren Zeitpunkt wiedergeben, was auch ideal für die Wiedergabe auf dem iPod ist.

Musik aufnehmen

Neben dem Rippen (Einlesen) von CDs oder dem Herunterladen von Musik können auch analoge Kassetten und Schallplatten auf dem Computer gespeichert werden. Diese analogen Quellen müssen natürlich digitalisiert werden. Ihre alte Musik kann dann nicht mehr verloren gehen. Befindet sich die Musik nämlich einmal auf dem Computer, findet im Gegensatz zu alten Platten und Kassetten kein Qualitätsverlust mehr statt. Je länger diese aufgehoben werden, desto schlechter wird die Soundqualität.

Mithilfe der richtigen Soft- und Hardware können analoge Quellen in das digitale Zeitalter gerettet werden. Die meisten Computer sind mit einem Audioeingang (line-in) ausgestattet, über den das Audiosignal ankommt. Hat Ihr Computer keinen solchen Anschluss, können Sie einen externen Adapter verwenden. Der iMic von Griffin Technology ist z.B. eine gute Wahl. Hochwertige Audioschnittstellen erhalten Sie im Computerfachhandel.

1. Verbinden Sie das Audiogerät mit dem Computer. Verwenden Sie dabei am besten Ihre Stereoanlage, die über einen Audioausgang verfügt.

2. Schließen Sie ein Kabel an die Stereoanlage und Ihren Computer an. Hierfür wird meist ein Adapterkabel von Miniklinke auf Standard-Cinch verwendet. Die Standard-Cinch-Stecker werden mit der Stereoanlage an den REC OUT- oder AUX OUT-Ausgang angeschlossen. Die Miniklinke-Stecker kommen in den Audioeingang des Computers oder der Audio-Schnittstelle (z.B. den iMic).

3. Starten Sie ein Programm, mit dem Sie Audioaufnahmen machen können. Für den Mac kommen dafür z.B. Audacity, Soundtrack, Logic oder Bias Peak in Frage. Für den PC sind das z.B. Audicity, Cooledit Pro, Soundforge oder Wavelab. Bereiten Sie die Aufnahme vor. Stellen Sie die Aufnahmelautstärke so laut wie möglich ein, ohne dass es zu Verzerrungen kommt.

4. Machen Sie eine Testaufnahme und testen Sie vor allem lautere Passagen. Hören Sie das Ergebnis an und verändern Sie gegebenenfalls die Aufnahmelautstärke. Starten Sie die Aufnahme, wenn Sie mit der Soundqualität zufrieden sind.

5. Praktisch jedes Audioprogramm nimmt Audio unkomprimiert auf. Sie erkennen unkomprimierte Audiodateien meistens an den Dateinamenserweiterungen .aiff oder .wav. Es ist ratsam, diese Dateien in das MP3- oder AAC-Format zu konvertieren. Dadurch sparen Sie nämlich einiges an Platz auf Ihrer Festplatte.

6. Fügen Sie mithilfe von iTunes für alle aufgenommenen Titel die gewünschten Informationen hinzu.

● Stereoanlage und Fernseher

Viele Computer sind mit Lautsprechern versehen, deren Klang jedoch meist eher mager ist, weswegen sich viele Anwender für externe Lautsprecher entscheiden. Natürlich kann der Computer auch an die Stereoanlage angeschlossen werden.

Airport Express

Für diejenigen, die keine langen Kabel verlegen möchten, hat Apple mit Airport Express eine Lösung. Ist Ihr Computer mit einer drahtlosen Netzwerkkarte ausgerüstet, können Sie mit der Airport Express Basisstation die Musik aus iTunes drahtlos zu Ihrer Stereoanlage *streamen*. Airport Express wird per Kabel an die Stereoanlage angeschlossen und Sie geben in iTunes an, über welche Lautsprecher Sie gehen möchten.

Verbinden Sie iTunes über die Airport Express Basisstation drahtlos mit der Stereoanlage.

© Apple

Wählen Sie, ob die Musik aus den Computerlautsprechern oder z.B. aus den Lautsprechern im Wohnzimmer kommen soll.

Apple TV

Computer und Fernsehen rücken immer dichter zusammen. Fernsehen auf dem Computer oder den Fernseher als Computermonitor nutzen, alles ist möglich. Apple TV ist ein neues Gerät, das schnell zwischen Computer und Fernsehen wechselt.

Apple TV ist eine kleine Box, die an das Fernsehgerät angeschlossen wird. Sie steht drahtlos mit dem Computer in Verbindung. Musik, Fotos und Videos in iTunes werden drahtlos an Apple TV übertragen. Von jetzt an können Sie das alles bequem vom Sessel aus auf Ihrem Fernseher betrachten.

Mithilfe von Apple TV können Sie Filme legal herunterladen und auf dem Fernseher betrachten. Sie müssen weder Video noch DVD ausleihen. Apple TV unterstützt High Definition Video, eine sehr gute Qualität, die zu einem schärferen Bild führt. Leider ist diese Qualität nicht auf jedem Fernseher umzusetzen. Für den Anschluss von Apple TV benötigen Sie ein Breitbild-HD-Gerät.

Apple TV wird an ein HD-TV-Gerät angeschlossen und empfängt drahtlos Musik, Filme und Fotos vom Computer.

© Apple

⊙ Fotos auf dem iPod

Besitzen Sie einen iPod mit Farbdisplay (ab den iPods der vierten Generation), können Sie auch Fotos auf den iPod übertragen. So haben Sie nicht nur Ihren Musik-Player, sondern auch ein sehr kompaktes Fotoalbum dabei. Die Fotos können auf dem Display des iPod betrachtet werden. Dieser lässt sich jedoch auch mit einem zusätzlichen AV-Kabel an jedem Fernsehgerät anschließen, um die Fotos auf einem großen Bildschirm anzuzeigen.

© Apple

Auf dem iPod erscheinen die Fotos, die Sie auf dem Computer gespeichert haben. Alle iPods mit Farbdisplay können Fotos anzeigen.

iPhoto wird standardmäßig mit dem Mac ausgeliefert. Das Programm ist völlig in iTunes integriert. Auf dem PC müssen Sie nicht unbedingt ein Programm benutzen, allerdings müssen Sie dafür sorgen, dass sich alle Fotos, die Sie auf den iPod übertragen möchten, in einem Ordner befinden. Der Ordner kann durchaus Unterordner enthalten. Möchten Sie auf dem PC ein Programm verwenden, raten wir zu Adobe Photoshop Elements (www.adobe.com). Dieses Programm ist sehr gut mit iTunes zu integrieren.

1. Schließen Sie den **iPod** an.

2. Sobald dieser angeschlossen ist, erscheint das iPod-Symbol im Quellenbereich. Klicken Sie in das Symbol, um das Übersichtsfenster anzuzeigen, in dem ein großes Bild des angeschlossenen iPod abgebildet ist.

3. Klicken Sie anschließend oben in den Tab **Fotos**.

❶ Markieren Sie das Feld **Fotos synchronisieren von**, wenn Sie Ihre auf dem Computer gespeicherten Fotos auf den iPod übertragen möchten.

❷ Sie können nun wählen, welche Fotos synchronisiert werden sollen. Es stehen **iPhoto** (M), **Ordner wählen** (legen Sie einen Ordner fest) oder alle Fotos aus dem Ordner **Bilder** (**Pictures** (w)) zur Wahl. iTunes sucht auch nach Fotos in Unterordnern. Fotos, die später hinzugefügt werden, erscheinen so automatisch auf dem iPod.

❸ Indem Sie in **Alle Fotos und Alben** klicken, werden alle Fotos auf den iPod kopiert, Sie können jedoch auch eine Auswahl treffen. Wählen Sie **Ausgewählte Alben** (**Ordner** (w)), um festzulegen, welche Alben auf den iPod kopiert werden.

❹ Möchten Sie die Fotos auch in hoher Auflösung im Festplattenbereich des iPod speichern, markieren Sie das Feld **Inklusive Fotos mit voller Auflösung**. Im Festplattenbereich des iPod (über den Finder (M) oder Windows Explorer (W) zu erreichen) wird ein Ordner mit allen Fotos in originaler Auflösung angelegt. Das kann nützlich sein, wenn Sie die Fotos auf einen anderen Computer übertragen möchten.

❺ Vergessen Sie nicht, in **Anwenden** zu klicken, ansonsten geschieht vorerst nichts mit Ihren Fotos.

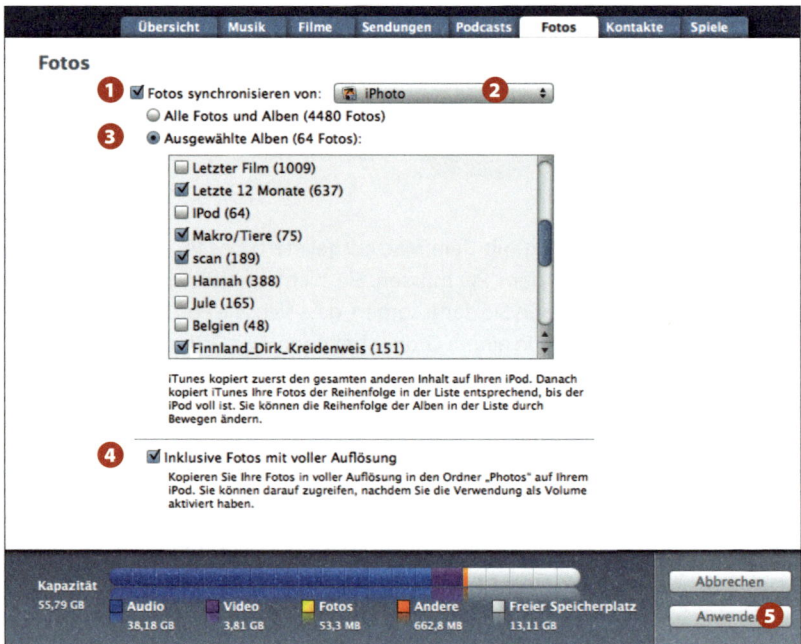

◉ Videos

iTunes kann seit Version 5 auch Videos in die Bibliothek aufnehmen und wiedergeben. Der iPod mit Videofunktion kann die Filme auch wiedergeben. Die Filme müssen dann jedoch im richtigen Format vorliegen, als MPEG-4. Die Videoclips, die Sie aus dem iTunes Store herunterladen können, sind in diesem Format gespeichert, glücklicherweise auch viele Videopodcasts (siehe Seite 122). Filme, die Sie aus dem Internet herunterladen oder von DVDs *rippen*, müssen zuerst in das richtige Format konvertiert werden (siehe Seite 95).

Um Videos zur iTunes-Bibliothek hinzuzufügen, können Sie diese wie Musik einfach importieren, indem Sie sie in das iTunes-Fenster ziehen. Alternativ wählen Sie **Ablage/Zur Bibliothek hinzufügen** (M) bzw. **Datei/Datei zur Bibliothek hinzufügen** (W). Im sich öffnenden Fenster können Sie Ihre Videodateien auf der Festplatte ansteuern und in iTunes übernehmen.

Klicken Sie hier, um die Anzeige der Videos zu ändern.

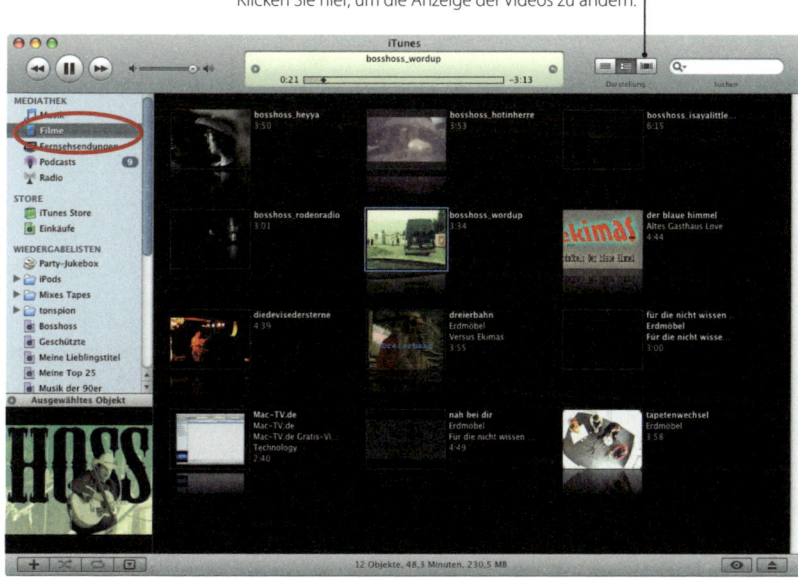

Videos erscheinen automatisch in der Kategorie **Filme** oder **Fernsehsendungen**.

Doppelklicken Sie den Titel, um ein Video wiederzugeben. Drücken Sie danach die Tastenkombination ⌘-F (M) bzw. Strg-F (W), um das Video bildschirmfüllend darzustellen. Mit der Taste Esc kehren Sie zum iTunes-Fenster zurück.

Wie bei Musik können Sie auch die Informationen der Videos bearbeiten. Wählen Sie das gewünschte Video und anschließend **Ablage/Informationen** (M) bzw. **Datei/Informationen** (W). Weitere Informationen finden Sie auf Seite 96.

Videos auf dem iPod (nur iPods der 5. Generation)

Mit iPods der fünften Generation oder neuer können Sie auch Videos wiedergeben. Dank des großen Farbdisplays ist das Betrachten eines kurzen Videoclips oder eines langen Spielfilms ein echtes Vergnügen. Bedenken Sie lediglich, dass bei der Wiedergabe von Videos viel Strom benötigt wird.

Die Übertragung von Videos aus der iTunes-Bibliothek auf den iPod funktioniert wie bei Musik oder Podcasts. Sie legen fest, ob iTunes alle oder nur bestimmte Wiedergabelisten synchronisieren soll. Sie können diese Einstellungen erst ändern, wenn der iPod angeschlossen ist. Klicken Sie in der Liste **Quelle** auf das iPod-Symbol und in den Tab **Videos**. Haben Sie auch Fernsehsendungen in iTunes, können Sie diese mithilfe des Tabs **Sendungen** übertragen.

Legen Sie fest, ob iTunes alle, nur bestimmte oder keine Videos aktualisieren soll. Sie können auch z.B. nur unbetrachtete Filme auf den iPod übertragen.

Denken Sie daran, in **Anwenden** zu klicken, wenn Sie die Einstellungen für Videos oder TV-Sendungen geändert haben. Ansonsten werden die Videos doch nicht auf den iPod übertragen. Da Videos Bild und Ton umfassen, nehmen diese natürlich mehr Speicherplatz auf dem iPod in Anspruch. Ihr iPod wird daher schneller voll sein, wenn Sie Videos darauf übertragen.

Weitere Informationen über das Anschließen eines iPod an ein Fernsehgerät finden Sie auf Seite 149. So müssen Sie nicht mehr stapelweise DVDs transportieren.

Videos im richtigen Format

Um auf iPods mit Videofunktion Videos wiedergeben zu können, müssen diese im MPEG-4-Format vorliegen. Am einfachsten konvertieren Sie andere Formate mit QuickTime Pro von Apple (www.apple.com/quicktime), das sowohl auf dem Mac als auch auf dem PC läuft. Zum Zeitpunkt der Drucklegung kostet das für Besitzer eines iPod Video praktische Programm 30 Euro.

Mit QuickTime Pro lässt sich beinahe jedes Videoformat konvertieren. Für Dateiformate, die QuickTime Pro nicht unterstützt (z.B. AVI- oder DivX-Dateien), können Sie im Internet nach einer Erweiterung (Add-on) für QuickTime suchen, sodass auch diese Dateien wiedergegeben und konvertiert werden können.

1. Öffnen Sie eine Videodatei in QuickTime Pro.

2. Wählen Sie **Ablage/Exportieren** (M) oder **Datei/Exportieren** (W).

3. Wählen Sie im Dialogfenster unter **Exportieren** den Eintrag **Film -> iPod**.

4. Geben Sie einen Speicherort für die Datei an und klicken Sie in **Sichern**.

5. Die Konvertierung kann eine Weile dauern. Importieren Sie die neue MPEG-4-Datei anschließend in iTunes und synchronisieren Sie den iPod.

Das Konvertieren von Videos für den iPod ist mit QuickTime Pro sehr einfach.

DVDs auf dem iPod

Möchten Sie eine DVD in das passende Format für den iPod mit Videofunktion konvertieren, benötigen Sie ein anderes Programm. Da dieser Vorgang ziemlich zeitaufwändig ist, können Sie den Computer z.B. nachts daran arbeiten lassen. Am folgenden Tag können Sie den Film im Zug oder Bus auf Ihrem iPod Video betrachten. Denken Sie für den Rückweg an Ihr Ladegerät.

Für den Mac gibt es das kostenlose Programm HandBrake von isquint (www. isquint.com), mit dem Sie ein Kapitel einer DVD in eine MPEG-4-Datei umwandeln können. PC-Anwendern empfehlen wir die DVD-to-iPod-Suite von Xilisoft (www. xilisoft.com). Diese ist zwar leider nicht kostenlos, aber einfach zu bedienen.

Videoinformationen

Wenn Sie in iTunes ein Video auswählen und **Ablage/Informationen** (M) oder **Datei/Informationen** (W) wählen, können Sie auf dem Tab **Video** zusätzliche Informationen eingeben. Handelt es sich z.B. um einen Film oder einen Videoclip? Der Unterschied wirkt sich vor allem darauf aus, wo Sie die Datei auf dem iPod finden können, da dieser zwischen Filmen, Videoclips und Videopodcasts unterscheidet. Geben Sie auch zusätzliche Informationen wie laufende Episodennummern für TV-Sendungen an. Auf dem Tab **Optionen** können Sie unter anderem angeben, ob das Video im Shuffle-Modus übersprungen werden soll.

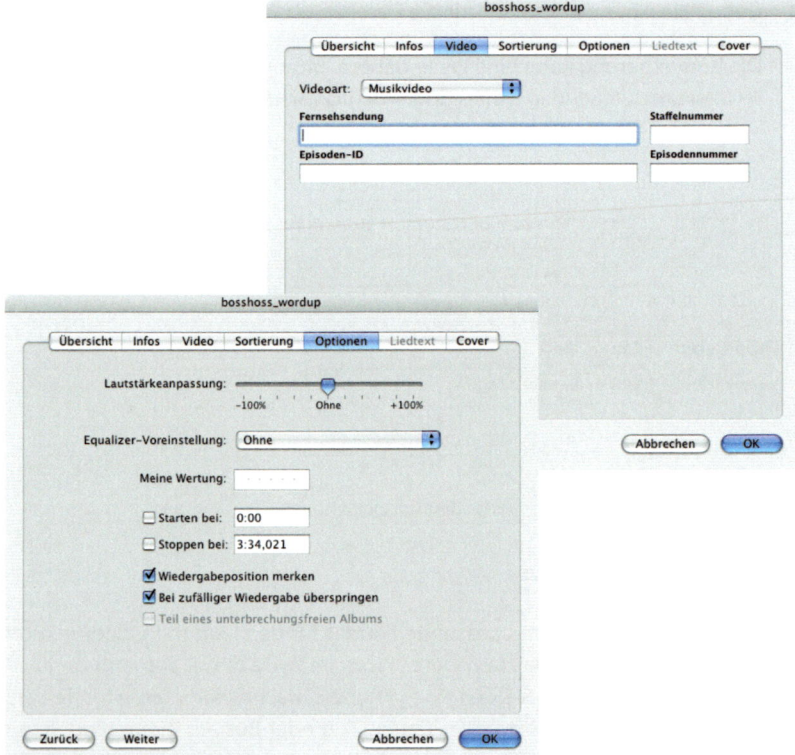

Zusätzliche Einstellungen für Videos, TV-Sendungen und Videoclips

◉ Kalender und Adressen

Mit iCal (M) oder Outlook (W) können Sie Adressen, Termine und wichtige Ereignisse speichern. Diese Daten lassen sich auf einen iPod kopieren, sodass alle Termine im Kalender des iPod zu finden sind.

Der iCal-Kalender auf dem Mac

1. Schließen Sie den iPod an und klicken Sie im Quellenbereich in das iPod-Symbol.

2. Klicken Sie in den Tab **Kontakte**.

3. Markieren Sie die Option **iCal Kalender synchronisieren**.

Verwalten Sie in iCal mehrere Kalender (z.B. geschäftlich und privat), können Sie festlegen, welche synchronisiert werden sollen.

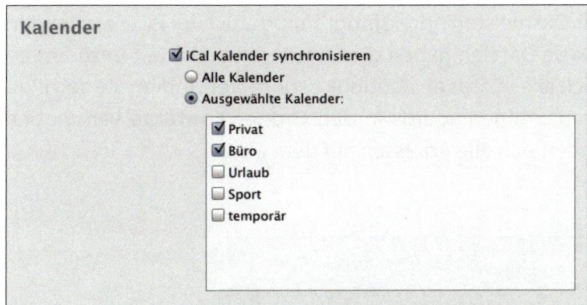

Mithilfe von iTunes synchronisieren Sie Ihren iCal-Kalender (M) einfach mit dem iPod.

Kalender unter Windows auf den iPod kopieren

1. Schließen Sie den iPod mit dem mitgelieferten Kabel an den Computer an.

2. Um alles auf den iPod zu übertragen, müssen zuerst alle Daten exportiert werden. Unter Windows müssen alle Termine einzeln manuell exportiert werden. Am besten verwenden Sie das Programm iAppoint, das alle Termine auf einmal exportieren kann. Auch das Programm PodSync erledigt diese Aufgabe prima, ist allerdings kostenpflichtig (www.ipod-sync.com).

3. Aktivieren Sie den Festplattenmodus, was nur bei angeschlossenem iPod möglich ist. Nehmen Sie die Einstellung im Übersichtsfenster des iPod vor (siehe Seite 51).

4. Ziehen Sie die exportierte Datei mithilfe des Windows Explorers in den Ordner **Kalender** des iPod. Jetzt befinden sich alle Daten aus dem Kalender auf dem iPod.

Adressen auf dem iPod

Sie können alle Adressen Ihrer Familie, Bekannten und Geschäftskontakte auf dem iPod mitnehmen. Da viele Adressprogramme in das für den iPod geeignete Format exportieren können, ist auch das kein Problem. Bedenken Sie jedoch, dass sich auf dem iPod keine Adressen hinzufügen lassen. Sie können diese nur einzeln anzeigen.

Adressen vom Mac

Sie können auf dem iPod Ihre gesamten Adressen speichern. Auf dem Mac werden alle Kontakte des Programms *Adressbuch* automatisch synchronisiert wenn iTunes gestartet wird und ein iPod an den Computer angeschlossen ist. Einstellungen zum Synchronisieren von Adressen können Sie auf dem Tab **Kontakte** vornehmen, nachdem Sie in das iPod-Symbol geklickt haben.

Adressen vom PC

Auch vom Windows-PC aus können Sie alle Adressen auf den iPod übertragen, allerdings nur manuell. Die meisten Adressprogramme (auch für PCs) verwenden sogenannte *vCards*. Diese Dateien haben die Erweiterung **.vcf**. Mit bestimmten Programmen lassen sich alle vCards aus Outlook exportieren. Indem Sie den iPod als Festplatte aktivieren, können vCards in den Ordner **Kontakte** verschoben werden. Danach befinden sich alle Adressen auf dem iPod.

Microsoft Outlook

iTunes kann einfach mit Kalendern und Adressen umgehen, wenn Sie auf einem Windows-PC Outlook verwenden. Die darin gespeicherten Adressen lassen sich direkt von iTunes aus auf den iPod übertragen. Schließen Sie den iPod an, blenden Sie das Übersichtsfenster des iPod ein und klicken Sie in den Tab **Kontakte**.

6

iTunes Store

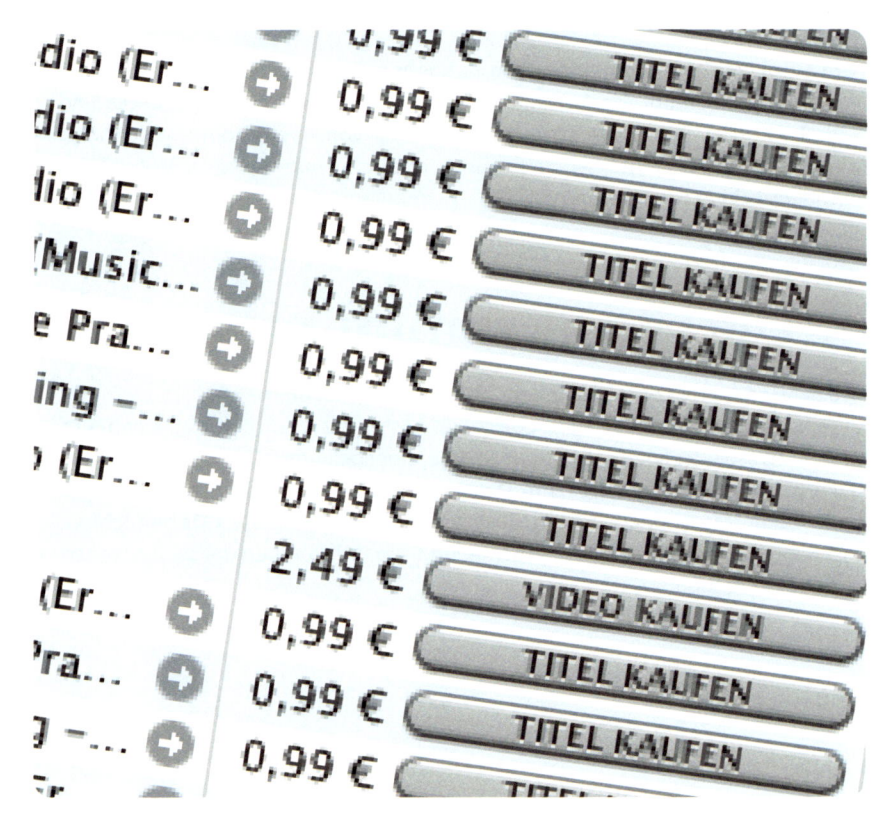

Seit 2003 verkauft Apple nicht nur Computer und Software, sondern betreibt auch einen Online-Musikvertrieb. Das heißt, Sie müssen nicht mehr in ein Geschäft gehen, sondern können vom Computer aus Musik kaufen und anhören. Da Sie keine CD und keine Verpackung kaufen und die Musik einfach zu vertreiben ist, kostet Musik im iTunes Store durchweg weniger als im Laden.

Da der iTunes Store völlig in iTunes integriert ist (Sie benötigen kein weiteres Programm) ist die Nutzung sehr einfach. In der Regel verfügen Sie innerhalb von vier Klicks über Ihre Lieblingsmusik. Alle im iTunes Store gekauften Artikel können später auf CD gebrannt sowie auf dem iPod oder einem anderen Computer genutzt werden.

Im Gegensatz zum illegalen Herunterladen von Musik aus dem Internet werden die Interpreten bei im iTunes Store erworbenen Titeln anständig bezahlt und die Musik ist von hoher Qualität. Zudem erhalten Sie zu jedem Titel, den Sie kaufen, das *Artwork*, sprich das Cover als Datei. So können Sie später ein schönes Cover drucken und für eine gebrannte CD verwenden. Außerdem müssen Sie keine Sorge wegen Viren und Spam haben.

Für jeden einzelnen Titel zahlen Sie im iTunes Store 99 Cent, ein komplettes Album kostet im Normalfall 9,99 Euro. Einige Alben mit vielen Extras oder kurzer Gesamtdauer weichen von diesem Preis ab. Neu seit Mai 2007 ist iTunes Plus, das für 1,29 Euro Titel mit höchster Qualität (256 Kbit/Sek) und ohne digitales Rechteverwaltungssystem anbietet.

Um Musik im iTunes Store einkaufen zu können, müssen Sie ein Benutzerkonto (Account) einrichten. Die Bezahlung erfolgt über Kreditkarte oder *Click&Buy*, dabei wird der Betrag per Lastschriftverfahren von Ihrem Konto abgebucht. Um Hörproben aller Titel wiederzugeben oder im iTunes Store zu stöbern, ist übrigens kein Account erforderlich.

Die Musiksammlung

Da der iTunes Store bereits eine sehr große Musiksammlung enthält, ist es immer interessant, einfach zu stöbern oder nach bestimmten Stücken zu suchen, um dabei etwas Neues kennenzulernen oder bei einer bekannten Band nachzusehen. Klicken Sie im Quellenbereich in **iTunes Store**, um den Online-Musikvertrieb aufzurufen. Wie in einem echten Musikgeschäft können Sie alle CDs betrachten, nach Ihren Lieblingsinterpreten suchen und sogar Hörproben der angebotenen Titel wiedergeben.

Der iTunes Store im Überblick

❶ Suchen Sie nach Musik, Podcasts oder betrachten Sie Filmtrailer bzw. Ausschnitte aus Musikvideos.

❷ Klicken Sie in eine Musikrichtung, um alle Titel eines Genres anzuzeigen.

❸ Suchen Sie nach Genre nach Neuerscheinungen von Titeln und Alben. Klicken Sie in die Pfeile oder kleinen Kreise, um die anderen Seiten eines Genres anzuzeigen.

❹ Rechts oben finden Sie Verknüpfungen zu den wichtigsten Informationen zu Ihrem Benutzerkonto beim iTunes Store.

❺ Die Top 10 des Tages. Die Titel werden nach Verkaufszahlen ausgesucht, ein guter Indikator dafür, was aktuell angesagt ist.

❻ Die iTunes Store-Redaktion (in London) macht eine Reihe von Vorschlägen für Titel und Alben. Natürlich werden dabei insbesondere solche Titel berücksichtigt, die von vielen Anwendern gekauft wurden.

Durch den Store navigieren

Wie Sie sehen, gibt es verschiedene Methoden, in die große Musiksammlung des iTunes Store einzutauchen. Den besten Weg gibt es nicht, aber Sie werden beim Herumstöbern viele Entdeckungen machen.

Der Navigationsbalken des iTunes Store verändert sich, sobald Sie sich durch das Angebot bewegen. Sie sehen von links nach rechts, wo Sie sich gerade befinden, und können mit einem Klick auf die Seite zurückkehren, von der Sie gekommen sind.

Gehen Sie eine Seite zurück oder vorwärts.

Von links nach rechts: das aktuelle Genre, der Interpret und das Album. Klicken Sie z.B. in den Namen des Interpreten, erscheint dessen Discografie, häufig auch mit weiteren Informationen wie Fotos, Websites usw.

Direkt zur Startseite des iTunes Store.

Was kaufen die anderen?

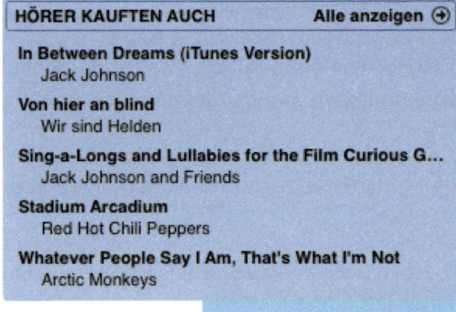

Zu jedem Album oder Interpreten, den Sie im iTunes Store besuchen, finden Sie eine Liste mit dem Namen **Hörer kauften auch**. Darin werden Titel aufgelistet, die von anderen Benutzern erworben wurden, die auch das aktuell von Ihnen betrachtete Album gekauft haben. So erkennen Sie schnell ähnliche Musik oder Titel, die Ihrem Musikgeschmack entgegenkommen.

Auf fast jeder Albenseite im iTunes Store finden Sie **Benutzerrezensionen**. Dabei handelt es sich um Kommentare zum jeweiligen Album, die Kunden des iTunes Store geschrieben haben. Häufig zeigt sich hier ein sehr objektives Urteil der Musik. Zudem können Kunden ein Album mit Sternen bewerten.

Musik suchen und kaufen

Auch innerhalb des iTunes Store finden Sie rechts oben ein Suchfeld. Hier können Sie den Namen eines Interpreten, eines Titels, Albums oder Komponisten eingeben. Alle daraufhin gefundenen Titel werden direkt aufgelistet. Doppelklicken Sie einen Titel, um eine Hörprobe wiederzugeben. Klicken Sie in den grauen Pfeil rechts neben dem Titel oder Interpreten, um direkt zur entsprechenden Seite im Store zu gelangen.

Einfach und schnell im iTunes Store suchen

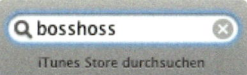

Manchmal möchten Sie vielleicht mit mehreren Kriterien suchen. Wenn Sie sich auf der Startseite des iTunes Store befinden, können Sie dazu die **Erweiterte Suche** nutzen. Sobald Sie in **Erweiterte Suche** klicken, erscheint oben im Fenster eine Leiste, in der Sie die Suchkriterien eingeben können.

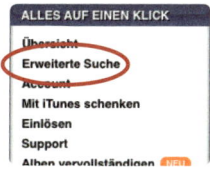

Klicken Sie in **Erweiterte Suche**, um die leistungsstarke Suchmaschine des iTunes Store aufzurufen.

Geben Sie ein oder mehrere Suchkriterien ein und klicken Sie in **Suche**.

Klicken Sie in ein Cover, um direkt zu diesem Album zu gelangen.

Klicken Sie in einen Pfeil, um zur Seite des Interpreten oder des Albums zu gelangen.

103

Wie in Ihrer eigenen Musiksammlung können Sie auch im iTunes Store durch die Titel blättern. Klicken Sie dazu rechts unten im iTunes-Fenster in die Taste **Übersicht** (mit dem Auge). Die Spalten **Genre**, **Interpret** und **Album** erscheinen. Klicken Sie in die entsprechenden Einträge, um die Titel zu filtern. Verwenden Sie die Pfeiltasten der Tastatur, um sich in einer Liste von oben nach unten zu bewegen, und **Tab** oder **Umschalt-Tab**, um die Liste zu wechseln.

Eine Apple ID einrichten

Um Musik im iTunes Store kaufen zu können, benötigen Sie eine sogenannte *Apple ID*. Dabei handelt es sich um einen Account mit Ihren persönlichen Daten und den Zahlungsinformationen.

1. Klicken Sie im Quellenbereich in **iTunes Store**.

2. Klicken Sie rechts oben in die Taste [Anmelden].

3. Melden Sie sich an, indem Sie Ihre Daten eingeben. Besitzen Sie bereits eine Apple ID (weil Sie z.B. einen .Mac-Account, im Apple Store eingekauft oder ein Fotobuch bestellt haben), tragen Sie die Apple ID und Ihr Kennwort ein und klicken Sie in **Anmelden**.

4. Haben Sie noch keine Apple ID, klicken Sie in **Neuen Account erstellen**. Geben Sie in den folgenden drei Schritten die erforderlichen Daten ein.

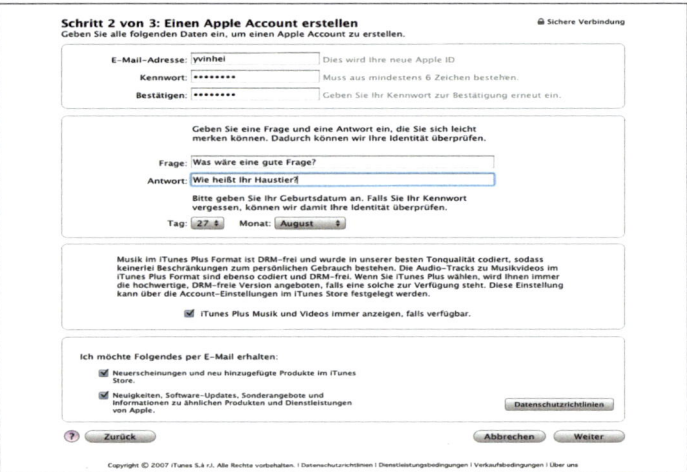

5. Sie müssen angeben, wie Sie bezahlen möchten. Wählen Sie eine Kreditkarte, werden die Einkäufe direkt von der Kreditkarte abgebucht. Wählen Sie *Click&Buy*, werden Sie direkt zur entsprechenden Website geleitet, wo Sie auch einen Account einrichten müssen. Dieser Dienst ist für Kunden gedacht, die keine Kreditkarte besitzen und trotzdem im Internet einkaufen möchten. Der Betrag wird von Ihrem Konto eingezogen.

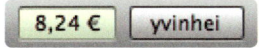

6. Wenn Sie die Einrichtung des Accounts beendet haben oder mit einem vorhandenen Account angemeldet sind, verändert sich die Taste **Anmelden** und enthält Ihre Apple ID. Klicken Sie in **Account**, um alle Informationen zu Ihrer Apple ID anzuzeigen und eventuell zu ändern (siehe unten). Haben Sie ein Guthaben im iTunes Store, erscheint der Betrag neben Ihrer Apple ID.

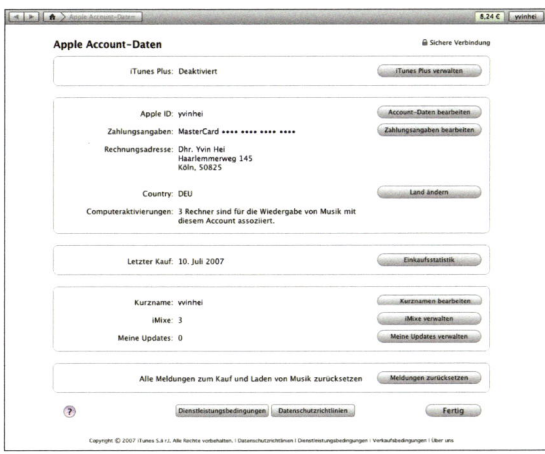

Klicken Sie im iTunes Store unter **Alles auf einen Klick** auf **Account**, um alle Informationen zu Ihrer Apple ID anzuzeigen und gegebenenfalls zu ändern.

Musik kaufen

Nachdem Sie jetzt im iTunes Store angemeldet sind, können Sie Musik kaufen. Wenn Sie ein Album eines Interpreten einblenden, hören Sie mit einem Doppelklick in einen Titel eine 30-sekündige Hörprobe, die für jeden Titel existiert.

Klicken Sie in **Album kaufen**, um alle Titel des Albums auf einmal herunterzuladen.

Eine Liste der am häufigsten gekauften Titel des Interpreten bzw. der Band.

Eine von Journalisten oder Benutzern verfasste Rezension. Manche Alben haben auch Sterne als Bewertung.

Doppelklicken Sie einen Titel, um eine Hörprobe von 30 Sekunden abzuspielen.

Klicken Sie in **Titel kaufen**, um diesen direkt herunterzuladen.

Sobald Sie in **Album kaufen** oder **Titel kaufen** geklickt haben, wird der Artikel heruntergeladen, da standardmäßig die 1-Click-Option aktiviert ist. Die Musik (das Album oder nur ein Titel) wird auf Ihre Festplatte heruntergeladen. Im Quellenbereich erscheint eine Wiedergabeliste **Einkäufe**, die alle Titel enthält, die Sie jemals im iTunes Store gekauft haben. Natürlich befinden sich die Titel auch in der **Bibliothek** und sie können zu Wiedergabelisten hinzugefügt werden.

Nachdem die Musik heruntergeladen ist, empfangen Sie eine E-Mail mit dem Kaufbeleg. Der Gesamtbetrag wird automatisch Ihrem Kreditkartenkonto oder *Click&Buy*-Account belastet.

Videos kaufen

Zum Zeitpunkt der Drucklegung dieses Buchs können Videos nur in begrenztem Umfang im iTunes Store erworben werden. In den USA sieht das anders aus. Episoden bekannter Serien, ältere Serien und Talkshows können gegen Bezahlung heruntergeladen werden.

In Deutschland können Kunden des iTunes Store derzeit Musikvideos sowie Pixar-Kurzfilme herunterladen. Für 2,49 Euro erhalten Sie Musikvideos, Pixar-Kurzfilme sind ebenfalls für 2,49 Euro zu haben. Da jetzt ein iPod auf dem Markt ist, der Videos wiedergeben kann, werden vielleicht auch hier in Zukunft Episoden von TV-Serien erhältlich sein. Grundsätzlich funktioniert das Herunterladen und Kaufen von Videos nicht viel anders als das Kaufen von Musik. Bleiben Sie am Ball!

Kaufen Sie auch Filme, Folgen von TV-Serien oder Videoclips im iTunes Store.

Seit kurzem verkauft Apple auch Filme im iTunes Store, leider bisher ausschließlich in den Vereinigten Staaten, wahrscheinlich jedoch in Kürze auch in Europa. Filme kosten im iTunes Store in Amerika derzeit 9,99 Dollar, dieser Preis bleibt vielleicht in Euro erhalten. Die gekauften Filme können natürlich auf iPods der fünften Generation, aber auch auf Fernsehgeräten wiedergegeben werden, da die Qualität heruntergeladener Filme dafür hoch genug ist. Möchten Sie Ihren iPod an einem Fernseher anschließen, benötigen Sie ein sogenanntes iPod-AV-Kabel (siehe Seite 149). Fragen Sie im Computerfachhandel nach einer Verbindungsmöglichkeit, um Ihren Computer an das Fernsehgerät im Wohnzimmer anzuschließen.

Im iTunes Store gekaufte Videos landen im Quellenbereich unter **Filme** bzw. **Fernsehsendungen**. Eine Fernsehsendung speichert den Punkt, bis zu dem sie zuletzt wiedergegegen wurde, sodass Sie nach einem Doppelklick an dieser Stelle mit der Wiedergabe fortfahren können.

Haben Sie eine TV-Karte in Ihren Computer eingebaut (z.B. die *Elgato EyeTV* für den Mac) und nehmen Sie TV-Sendungen mit dem Computer auf, sollten Sie auch diese in iTunes unter **Fernsehsendungen** finden.

Das alles also hoffentlich in Kürze im deutschen iTunes Store.

◎ iTunes-Geschenke

Wie ein CD-Gutschein im herkömmlichen Plattenladen gibt es im iTunes Store sogenannte *Geschenkgutscheine*. Dabei handelt es sich um Gutscheine, für die der oder die Beschenkte für einen bestimmten Betrag Musik aussuchen kann. Das Tolle an dieser Art von Musikgeschenk ist, dass der Empfänger keine komplette CD kaufen muss, sondern eine Reihe von einzelnen Titeln auswählen kann.

Arten von Geschenken

Klicken Sie auf der Startseite des iTunes Store unter **Alles auf einen Klick** rechts oben in **Mit iTunes schenken**. Auf der folgenden Seite werden die verschiedenen Arten von Geschenken, die Sie im iTunes Store erwerben können, vorgestellt. Die Bezahlung läuft über Ihre eigene Apple ID, also per Kreditkarte oder *Click&Buy*. Lesen Sie im Folgenden die Beschreibung der verschiedenen Optionen.

iTunes-Karten
Das sind Musikkarten, die Sie jemandem überreichen können. Auf der Karte befindet sich ein Code, der freigerubbelt und im iTunes Store eingegeben werden muss, um das Guthaben zu einer Apple ID hinzuzufügen. Diese Karten sind online im Apple Store und bei verschiedenen Händlern erhältlich.

Druckbare Geschenkgutscheine
Das sind Geschenkgutscheine, die Sie direkt nach dem Kauf auf dem eigenen Drucker ausdrucken können. Damit können Sie z.B. jemanden zum Geburtstag überraschen. Die möglichen Beträge liegen zwischen 10 und 200 Euro.

E-Mail-Geschenkgutscheine
Diese Geschenkgutscheine werden ebenso wie druckbare Geschenkgutscheine erworben, danach aber nicht gedruckt, sondern per E-Mail an den Empfänger versendet. Dieser kann dann direkt von seinem E-Mail-Programm aus das Guthaben zu seiner Apple ID hinzufügen.

Spezielle Musik verschenken
Bei jedem Album im iTunes Store finden Sie die Taste **Musik verschenken**, mit der Sie die Musik direkt an jemanden verschenken können. Klicken Sie in die Taste, sendet iTunes eine E-Mail an den Empfänger, die diesen darüber informiert, dass er die Musik auf seinen Computer herunterladen kann, die Sie bezahlen. iTunes kann das Musikgeschenk per E-Mail an den Empfänger senden, Sie können jedoch auch einen Ausdruck des Covers machen und dieses überreichen.

Taschengeldkonto
Sie können jemandem auch einen Betrag als monatliches Geschenk zukommen lassen. Das ist z.B. praktisch, um einen festen Betrag zur Apple ID Ihrer Kinder hinzuzufügen, sodass diese z.B. für zehn Euro pro Monat legal Musik herunterladen können.

Geschenkgutschein verschenken

Sobald Sie **Druckbare Geschenkgutscheine** oder **E-Mail-Geschenkgutscheine** auswählen, können Sie die Daten in ein Formular eintragen: Ihren Namen, den des Empfängers, die E-Mail-Adresse des Empfängers und vielleicht eine persönliche Nachricht. Wählen Sie einen Betrag, den Sie verschenken möchten, und klicken Sie in **Weiter**. Die Abbildung kann ausgedruckt oder die E-Mail versendet werden.

Tragen Sie die Daten ein, um einen E-Mail-Geschenkgutschein per E-Mail zu versenden.

Haben Sie ein Musikgeschenk erhalten?

Ein iTunes-Geschenk enthält immer einen Code, egal, ob es ich um eine iTunes-Musikkarte, einen Geschenkgutschein oder ein Album handelt. Diesen Code müssen Sie im iTunes Store eintragen. Klicken Sie dazu im iTunes Store rechts oben auf der Startseite in **Einlösen** und tragen Sie den Code im sich öffnenden Fenster ein. Das Guthaben wird Ihrer Apple ID hinzugefügt und die folgenden Einkäufe im iTunes Store werden von diesem Betrag abgezogen. Kaufen Sie mehr, als das Guthaben hergibt, wird der restliche Betrag automatisch von Ihrer eigenen Kreditkarte oder Ihrem *Click&Buy*-Account abgebucht.

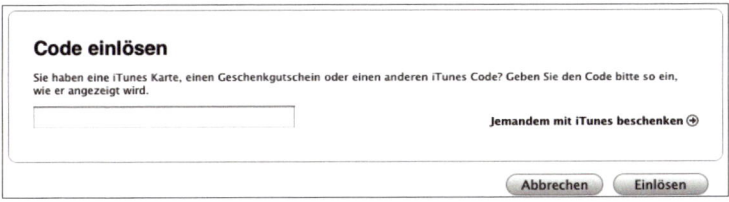

Tragen Sie den empfangenen Code unter **Einlösen** ein, wird das Guthaben zu Ihrer Apple ID hinzugefügt.

Ihr neues Guthaben wird rechts oben neben Ihrem Namen angezeigt.

⊙ Gekaufte Musik

Was dürfen Sie alles mit gekaufter Musik anstellen und was nicht? Da die im iTunes Store gekaufte Musik im AAC-Format kodiert ist, sind auch bestimmte Informationen zum Brennen und Kopieren innerhalb dieser Titel gespeichert. Ein Titel „weiß" z.B., wie oft er bereits auf CD gebrannt wurde und auf wie vielen iPods er sich befindet.

Sie können Titel aus dem iTunes Store normal auf CD brennen. Enthält eine Wiedergabeliste einen Titel aus dem iTunes Store, kann diese Wiedergabeliste allerdings nur sieben Mal auf CD gebrannt werden. So können Sie keine große Auflage kopieren, was sicher auch nicht in Ihrer Absicht liegt.

Ein im iTunes Store gekaufter Titel kann auf maximal fünf verschiedenen Computern wiedergegeben werden. Wenn Sie einen Titel auf einen anderen Computer kopieren, müssen Sie diesen aktivieren. Das heißt, dass Sie Ihre Apple ID und Ihr Kennwort eingeben müssen, um Ihre persönliche Zustimmung zu geben, dass diese Musik wiedergegeben, auf CD gebrannt und auf iPods übertragen werden darf. Weitere Informationen finden Sie im Kasten.

Titel können auf einer unbegrenzten Anzahl von iPods übertragen werden. Daher können auch große Familien und Freundeskreise Ihre gekauften Titel auf eigenen iPods wiedergeben.

CD-Cover drucken

Bei gekauften Titeln erhalten Sie automatisch auch das Albumcover. Das ist nicht nur auf iPods mit Farbdisplay eine feine Sache, wo Sie das Cover während der Wiedergabe anzeigen können, sondern es lässt sich auch drucken. Sobald Sie eine Wiedergabeliste erstellt und davon eine CD gebrannt haben, wählen Sie den Befehl **Drucken** und **CD-Booklet** sowie unter **Thema** den Eintrag **Einzelnes Deckblatt**. iTunes druckt dann ein herrliches Cover, das Sie nur noch (entlang der Linien) ausschneiden und doppelt falten müssen. Jetzt noch in die Hülle einlegen und die CD ist nicht mehr vom Original zu unterscheiden.

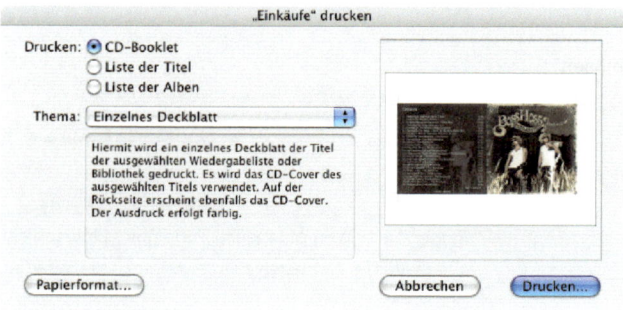

Probieren Sie auch einmal andere Themen für CD-Cover aus.

Aktivierungen

Alle von Ihnen gekauften Titel sind an Ihre Apple ID gekoppelt. So kann Apple genau nachvollziehen, ob die Musik nicht auf zu vielen Computern verwendet wird. Wenn Sie Musik aus dem iTunes Store wiedergeben möchten, fragt iTunes nach Ihrer Apple ID. Geben Sie diese mit Kennwort ein, haben Sie den Computer ermächtigt, die Musik mit Ihrer Apple ID wiederzugeben. Sie benötigen eine Internetverbindung, um einen Computer zu aktivieren, was Sie natürlich nur einmal tun müssen.

Fügen Sie Ihre Apple ID und Ihr Kennwort ein, um einen Computer zu aktivieren.

Es können maximal fünf Computer aktiviert werden. Möchten Sie einen sechsten Computer aktivieren, müssen Sie einen anderen Computer deaktivieren. Wählen Sie dazu auf dem betreffenden Computer **Store/Account auf diesem Computer deaktivieren**.

DRM-Kopierschutz

Die im iTunes Store gekauften AAC-Dateien sind mit *DRM* gegen Kopieren im großen Stil geschützt. DRM steht für *Digital Rights Management* und speichert, was Sie mit der Musik anstellen. Je nach Online-Musikvertrieb können sich die Rechte stark unterscheiden. Im iTunes Store gekaufte Titel dürfen als Bestandteil ein- und derselben Wiedergabeliste maximal auf sieben CDs (sowie einzelne Titel beliebig oft) gebrannt und mit beliebig vielen iPods synchronisiert werden. Zudem können Sie die Musik auf maximal fünf aktivierten Computern wiedergeben.

Apple ist häufig in der Diskussion, da andere Firmen finden, Apple schütze den Markt zu sehr, weswegen es regelmäßig zu Prozessen kommt. Und das, obwohl das DRM von Apple eines der flexibelsten ist.

In der Freigabe von Lizenzen für die im iTunes Store gekaufte Musik ist Apple nicht sehr freigiebig. AAC-Dateien aus dem iTunes Store lassen sich nur schwerlich auf anderen MP3-Playern verwenden. MP3-Dateien können keinen Schutz enthalten und sind daher in illegalen Download-Kreisen sehr beliebt. Dass AAC-Dateien geschützt sein können, bedeutet übrigens nicht, dass alle AAC-Dateien auch geschützt sind.

Seit kurzem bietet Apple unter dem Namen iTunes Plus für 1,29 Euro auch DRM-freie Titel in besserer Kodierung an.

⊙ Tipps für den iTunes Store

Einkaufswagen

Möchten Sie viele Titel herunterladen, sollten Sie einen Einkaufswagen benutzen, in dem alle Titel gesammelt werden. Sind Sie fertig, rechnen Sie auf einen Schlag ab und laden alle ausgesuchten Titel herunter. Das Blättern im Store geht schneller, da iTunes nicht im Hintergrund mit dem Herunterladen beginnt. Wählen Sie **iTunes/Einstellungen** (M) bzw. **Bearbeiten/Einstellungen** (W) und klicken Sie in **Store**. Wählen Sie dann **Einkaufswagen zum Einkaufen verwenden** und klicken Sie in **OK**. Hinter jedem Titel erscheint nun **Titel hinzufügen**. Klicken Sie in diese Taste, um einen Titel oder ein Album in den Einkaufswagen zu legen. Möchten Sie den Einkauf beenden, klicken Sie im Quellenbereich in **Einkaufswagen** und rechts unten in die Taste **Jetzt kaufen**.

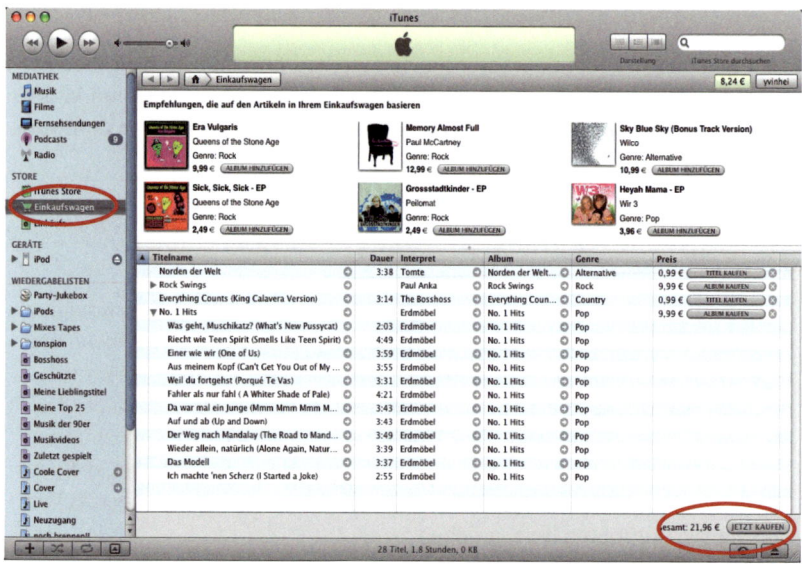

Klicken Sie in den Einkaufswagen, um abzurechnen und alles herunterzuladen.

Gekaufte Musik auf anderen Computern

Seit der letzten iTunes-Version ist es sehr einfach, gekaufte Musik mit dem iPod auf andere Computer zu übertragen. Achten Sie darauf, dass es maximal fünf Computer sein dürfen. Sobald Sie den iPod nämlich auf automatisch aktualisieren eingestellt haben (siehe Seite 50), erscheint jedes Mal, wenn Sie den iPod an einen anderen Computer anschließen, ein Fenster, in dem Sie gefragt werden, ob Sie die im iTunes Store gekaufte Musik auf diesen Computer übertragen möchten. Der Computer muss danach allerdings noch aktiviert werden (siehe Seite111).

Probleme beim Herunterladen?

Manchmal kommt es vor, dass Sie einen Titel oder ein Album aus dem iTunes Store herunterladen und die Internetverbindung unterbrochen wird. Keine Sorge, Sie können später jederzeit nach gekaufter Musik suchen und den Download fortsetzen, indem Sie **Store/Nach gekauften Artikeln suchen** wählen. Hat iTunes die Musik gefunden, die Sie zwar gekauft, aber aus irgendeinem Grund nicht auf Ihrem Computer haben, wird diese sofort heruntergeladen.

Verknüpfungen zum iTunes Store

In der Bibliothek befindet sich standardmäßig hinter jedem markierten Titel, Interpreten und Album ein Pfeil (). Klicken Sie in einen dieser Pfeile, gelangen Sie direkt zum betreffenden Interpreten oder Album. Möchten Sie diese Pfeile lieber verbergen, weil Sie oft versehentlich hineinklicken, wählen Sie **iTunes/ Einstellungen** (M) bzw. **Bearbeiten/Einstellungen** (W) und **Allgemein**. Deaktivieren Sie das Feld **Verknüpfungen zum iTunes Store anzeigen**.

☑ Andere Mütter	2:58 Sportfreunde Stiller	Burli	Rock
☑ Andy, You're A Star	3:16 The Killers	Hot Fuss	Alternative & Punk
☑ Annie	1:13 Elastica	Elastica	Alternative & Punk
☑ Another Brick In The Wall – Part 2	4:01 Luther Wright & The Wr...	Rebuild The Wall	Rock
☑ Another Rock And Roll Christmas	3:47 Gary Glitter	Rock Christmas – Best Of (Dis...	Rock
☑ Answer	3:08 Eat no Fish	Greedy For Life	Rock

Blenden Sie die Verknüpfungen zum iTunes Store ein oder aus.

Eine Wiedergabeliste verschenken

Haben Sie eine gute Wiedergabeliste angelegt und möchten Sie die enthaltenen Titel verschenken, klicken Sie in den Pfeil, der neben dem Namen der Wiedergabeliste erscheint, wenn Sie diese auswählen. Im sich öffnenden Fenster können Sie wählen, ob Sie die Wiedergabeliste verschenken oder als iMix veröffentlichen möchten. Klicken Sie in **Liste schenken** und füllen Sie das Formular aus. Der Empfänger erhält eine E-Mail, in der erklärt wird, wie er die Musik herunterladen kann. Achten Sie darauf, dass die Musik in der Wiedergabeliste natürlich im iTunes Store verfügbar sein muss, da Apple die Musik sonst nicht verkaufen kann. Informationen über das Erstellen eines iMix finden Sie auf Seite 75.

Abmelden!

Klicken Sie in die Taste mit Ihrer Apple ID (rechts oben im iTunes Store) und dort in **Abmelden**. So stellen Sie sicher, dass kein anderer Benutzer des Computers versehentlich eine Menge Musik auf Ihre Kosten einkauft.

Ausländische iTunes Stores

Mit einer an eine deutsche Bank gekoppelten Kreditkarte können Sie nur im deutschen iTunes Store einkaufen. Natürlich können Sie in den iTunes Stores anderer Länder stöbern. Klicken Sie auf der Startseite des iTunes Store ganz unten in das Menü **Mein Store**, um das Land zu wechseln, und wählen Sie ein Land aus. Bedenken Sie, dass Sie in anderen Ländern keine Musik kaufen können, was mit den Rechten zusammenhängt. Sie können allerdings z.B. betrachten, was in den USA in den Top 100 steht.

Spiele auf dem iPod (nur iPods der fünften Generation)

Besitzen Sie einen iPod der fünften Generation, können Sie auch Spiele aus dem iTunes Store laden und auf dem iPod spielen. Zum Zeitpunkt der Drucklegung dieses Buchs sind Spiele wie z.B. Tetris, Sudoku und Mini Golf verfügbar. Klicken Sie auf der Startseite des iTunes Store links oben in **iPod Spiele**, können Sie alle verfügbaren Spiele sehen. Klicken Sie in das gewünschte Spiel und in **Spiel kaufen**, um ein Spiel herunterzuladen. Das Spiel landet in der Liste **Quelle** unter **iPod Spiele**. Schließen Sie Ihren iPod der fünften Generation das nächste Mal an, können Sie das Spiel auch auf dem iPod spielen. Die Spiele kosten je 4,99 Euro.

In der Liste **Quelle** können Sie Ihre gekauften Spiele sehen (nicht spielen, das geht nur auf dem iPod).

Wählen Sie im Übersichtsfenster des iPod den Tab **Spiele**. Hier können Sie angeben, welche Spiele Sie auf dem iPod installieren möchten. Klicken Sie in **Anwenden**, um die Spiele tatsächlich auf den iPod zu übertragen.

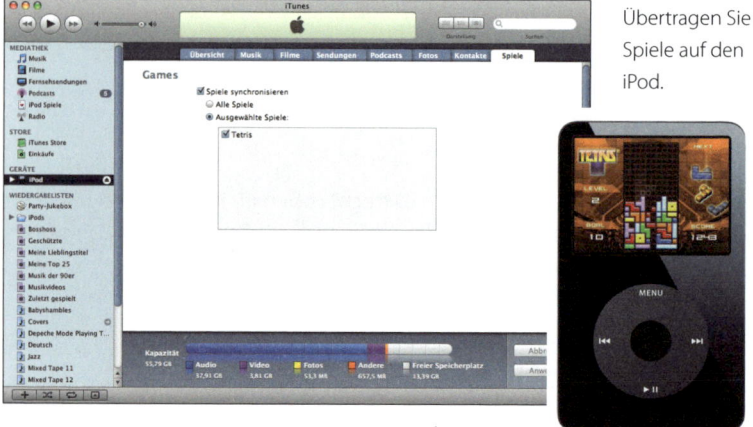

Übertragen Sie Spiele auf den iPod.

7

Podcasts

NEUERSCHEINUNGEN

Audio

Pirates of the Caribbe...
Walt Disney Pictures

Ästhetiker - Tell Ä Vision   Sci_x
Die Ästhetiker

Prof. Grzimek

Ein Platz für Tiere mit ...
Westdeutscher Rundfunk

NASACast: Universe V...
National Aeronautics an...

ARAG W
ARAG W

Vor nicht allzulanger Zeit entstand im Internet ein neues Phänomen. Leute begannen damit, Radiosendungen über das Internet zu senden. Der Vorteil dieser Sendungen ist, dass Sie nicht zu einer bestimmten Zeit vor dem Radio sitzen müssen, um die Sendung aus dem Internet herunterzuladen. Ihr Lieblingssender braucht daher nicht mehr im Paket des Kabelanbieters enthalten zu sein oder im Empfangsbereich Ihrer Antenne. Mit einem Internetanschluss empfangen Sie schnell und einfach Sendungen aus der ganzen Welt.

Radiosendungen im Internet

Ein Podcast kann viele verschiedene Themen abdecken. Es gibt natürlich Podcasts über Sport, aber auch Sendungen, in denen es überwiegend um wissenschaftliche Themen bis hin zur Kernphysik geht, und Sprachkurse. Es ist also für jeden etwas dabei.

Der Begriff Podcast ist eine Zusammensetzung aus iPod und Broadcast, Englisch für Radiosendung. Der iPod ist natürlich das Medium schlechthin, um Podcasts wiederzugeben. Apple hat die Zeichen der Zeit erkannt und beschloss daher, Podcasts in iTunes zu integrieren. Ab iTunes Version 4.9 können Anwender einfach Podcasts herunterladen und auf dem Computer oder dem iPod wiedergeben.

Apple hat sich dazu entschlossen, Podcasts in den iTunes Store zu integrieren. Genauso einfach, wie Sie Musik kaufen und auf die Festplatte Ihres Computers herunterladen, abonnieren Sie auch Ihre Lieblingspodcasts. Und das Beste daran ist, dass fast alle Podcasts kostenlos erhältlich sind.

⦿ Nach Podcasts suchen

Klicken Sie in der Liste **Quelle** in **iTunes Store**, um diesen zu besuchen. Auf der Startseite des Store finden Sie links unter **iTunes Store** den Link zu den **Podcasts**. Klicken Sie in diesen Link, um die Podcast-Seite aufzurufen.

Klicken Sie in **Podcasts**, um im iTunes Store nach Sendungen zu suchen.

Neue Podcasts im iTunes Store

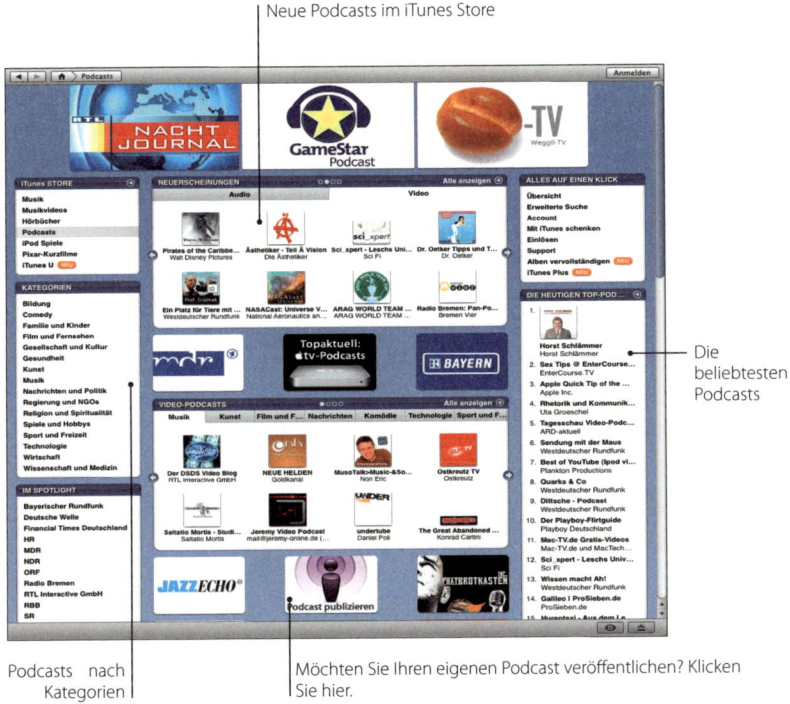

Die beliebtesten Podcasts

Podcasts nach Kategorien

Möchten Sie Ihren eigenen Podcast veröffentlichen? Klicken Sie hier.

Sie sehen, dass Podcasts sich unterschiedlichsten Themen widmen. Auch große Radiosender veröffentlichen eigene Podcasts. Die Finanzierung funktioniert über Werbung. Da die Radiosender natürlich für abgespielte Titel bezahlen, enthalten die Podcasts großer Sender häufig auch Musik.

Wie bei Musik können Sie auch hier nach Herzenslust in den Podcasts stöbern. Doppelklicken Sie einen Podcast, um ihn wiederzugeben. Im Gegensatz zu Musik im iTunes Store können Sie einen Podcast beliebig oft anhören, ohne diesen herunterzuladen, und Sie benötigen keine Apple ID (Account).

Doppelklicken Sie in iTunes in die Sendung, die Sie hören möchten. Abhängig von der Geschwindigkeit Ihrer Internetverbindung gibt iTunes die Sendung als *Stream* wieder und es wird nichts heruntergeladen.

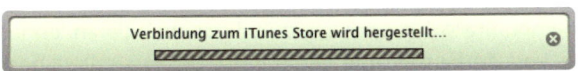

Abhängig von der Geschwindigkeit Ihrer Internetverbindung sucht iTunes nach bestimmten Seiten oder Podcasts im Store.

Podcast abonnieren

Sie können natürlich jede Sendung einzeln aus dem Internet oder dem iTunes Store herunterladen, was jedoch etwas lästig sein kann. Daher bietet iTunes Funktionen an, die das völlig überflüssig machen. Sie können Podcasts nämlich einfach abonnieren, so viele Sie möchten. Als Abonnent eines Podcast wird jedes Mal, wenn eine neue Sendung verfügbar ist, diese automatisch auf Ihren Computer heruntergeladen. Sie müssen also nicht ständig nach den neuesten Ausgaben suchen, da sich diese bereits auf Ihrem Computer befinden.

Klicken Sie hier, um den Podcast zu abonnieren.

Besuchen Sie die Website der Produzenten des Podcast.

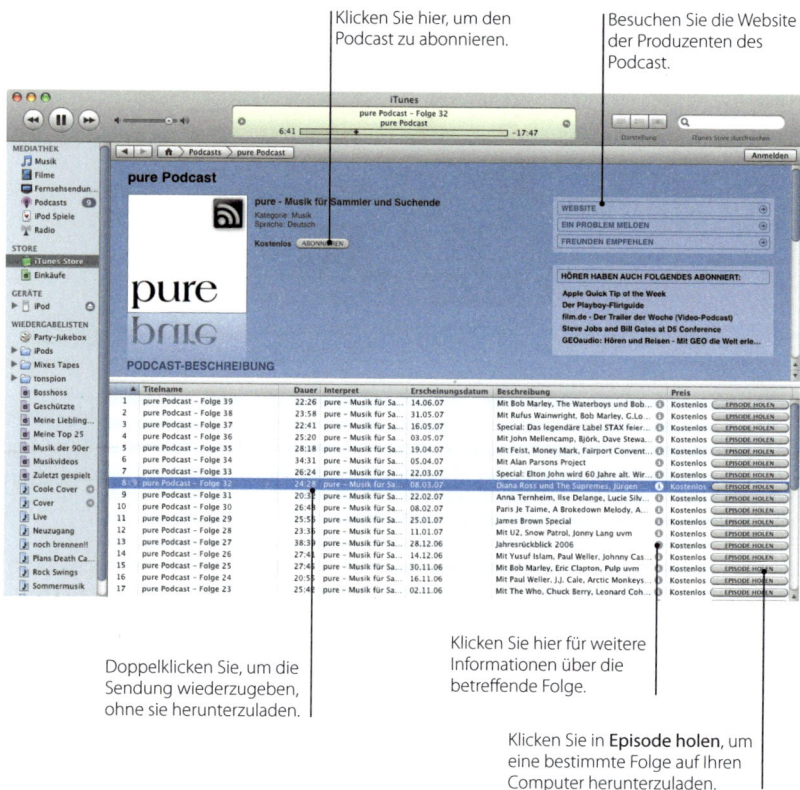

Doppelklicken Sie, um die Sendung wiederzugeben, ohne sie herunterzuladen.

Klicken Sie hier für weitere Informationen über die betreffende Folge.

Klicken Sie in **Episode holen**, um eine bestimmte Folge auf Ihren Computer herunterzuladen.

Sobald Sie eine Episode herunterladen oder einen Podcast abonnieren, öffnet iTunes automatisch das Podcast-Fenster und beginnt mit dem Herunterladen. Haben Sie nur eine Folge heruntergeladen und Sie finden den Podcast interessant, können Sie mit einem Klick in **Abonnieren** dafür sorgen, dass die jeweils aktuellen Episoden automatisch geladen werden. Zudem werden die letzten Episoden heruntergeladen.

iTunes beginnt automatisch mit dem Herunterladen.

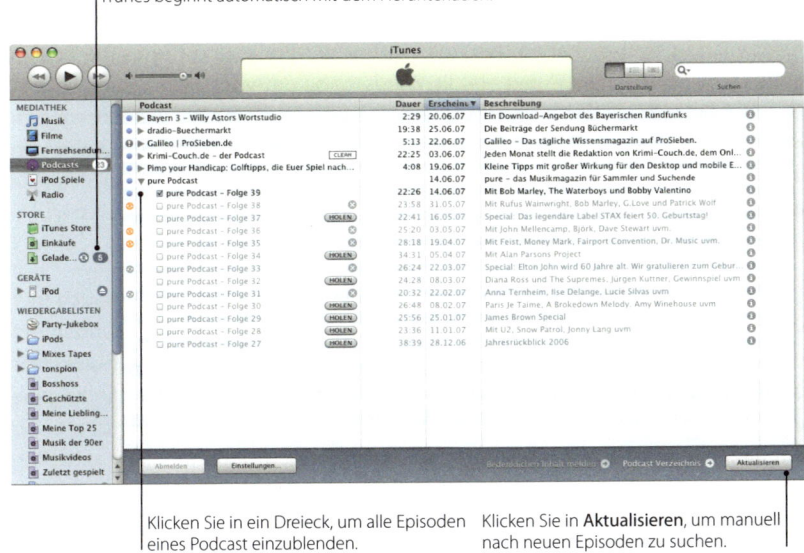

Klicken Sie in ein Dreieck, um alle Episoden eines Podcast einzublenden.

Klicken Sie in **Aktualisieren**, um manuell nach neuen Episoden zu suchen.

Klicken Sie in der Liste **Quelle** in **Podcasts**, um alle Podcasts auf Ihrem Computer anzuzeigen. Es erscheint eine Übersicht aller Podcasts, die Sie abonniert haben bzw. von denen Sie eine Episode heruntergeladen haben. Klicken Sie in das Dreieck vor dem Namen eines Podcast, um alle Episoden anzuzeigen. Vor dem Namen befindet sich ein blauer Punkt, wenn Sie diese Episode noch nicht betrachtet haben. Erscheint hinter der Episode die Taste **Holen**, können Sie hineinklicken, um die Episode nachträglich herunterzuladen.

Downloadmanager

Neu in iTunes ist ein Fenster, in dem alle Downloads aus dem iTunes Store angezeigt werden. Sobald Sie etwas aus dem Store herunterladen (egal, ob ein Titel, ein Album oder ein Podcast) erscheint **Geladene Dateien** in der Liste **Quelle**. Klicken Sie hinein, um eine Übersicht aller Daten zu erhalten, die Sie aktuell herunterladen. Sie können z.B. einen Download unterbrechen, weil Sie Ihre Internetverbindung zeitgleich anderweitig benötigen.

Während Sie Artikel aus dem Store herunterladen, können Sie den Downloadmanager einblenden. Klicken Sie ganz rechts in das Pausensymbol, um einen Ladevorgang zeitweise zu unterbrechen.

Podcasts anhören

Doppelklicken Sie eine Episode, um diese anzuhören. Vor Episoden, die Sie noch nicht wiedergegeben haben, erscheint ein blauer Punkt und iTunes merkt sich außerdem, an welchem Punkt Sie die Wiedergabe unterbrochen haben. Sobald Sie eine Episode doppelklicken, von der Sie bereits einen Teil wiedergegeben haben, setzt iTunes die Wiedergabe dort fort, wo Sie zuletzt waren. Auch von auf dem iPod wiedergegebenen Episoden wird festgehalten, bis wohin Sie diese angehört haben. Nach der Synchronisation mit iTunes werden sie aktualisiert. So hören Sie keine Episode oder Teile davon doppelt.

Da Podcasts ebenfalls im AAC-Format gesendet werden, kann iTunes auch hier viel mehr leisten. So ist es möglich, Informationen in Form von Abbildungen mit den Podcasts zu übertragen. Klicken Sie unten links in die Taste **Albumcover einblenden**, um diese zu betrachten. Hier lassen sich während der Wiedergabe von Podcasts auch Links anzeigen, auf die Sie klicken, um damit direkt zur entsprechenden Seite zu gelangen, die weitere Informationen zum aktuellen Thema enthält. Wählen Sie **Darstellung** (M) bzw. **Anzeigen** (W)/**Cover einblenden**, um die Illustrationen eines Podcast anzuzeigen.

Während der Wiedergabe von Podcasts sehen Sie eine Abbildung, die sogar Links zu Websites mit weiteren Informationen zum Thema enthalten kann.

Kapitel in Episoden

Eine Podcast-Sendung kann in verschiedene Kapitel unterteilt sein, was eine Entscheidung der Ersteller ist. Nicht jeder Podcast ist damit ausgestattet. In iTunes können Sie einfach und schnell zum nächsten Kapitel springen. Klicken Sie dazu im iTunes-Fenster oben neben der Anzeige auf das Menüsymbol, das erscheint, wenn Sie eine Episode wiedergeben, die Kapitelmarkierungen enthält. Wählen Sie danach das gewünschte Kapitel aus dem Einblendmenü.

Podcast-Einstellungen

Klicken Sie in der Liste **Quelle** in **Podcasts**. Links unten im Fenster finden Sie die Taste **Einstellungen**. Klicken Sie in diese Taste, um die Einstellungen zum Umgang von iTunes mit (Video-)Podcasts anzupassen.

❶ Wie oft soll iTunes nach neuen Episoden suchen? Wählen Sie **Manuell**, wenn Sie die Taste **Aktualisieren** verwenden möchten (siehe Seite 119).

❷ Welche Episoden sollen heruntergeladen werden, falls iTunes neue Episoden gefunden hat? Geben Sie hier an, ob iTunes nur die neuesten oder alle Episoden laden soll.

❸ Legen Sie fest, wie iTunes mit wiedergegebenen oder älteren Episoden verfahren soll. Beachten Sie, dass einige (Video-)Podcasts täglich neue Episoden veröffentlichen, andere dagegen wöchentlich oder in unregelmäßigen Zeitabständen erscheinen.

RSS

Die Produzenten eines Podcast bringen Episoden in Kombination mit einem *RSS-Feed* auf ihre Website. RSS steht für *Really Simple Syndication* und bedeutet, dass Sie mit bestimmten Programmen Nachrichten lesen und auch Podcasts auf ihre Aktualität hin prüfen können.

Mit einem RSS-Reader (wie z.B. dem Internet Explorer (W) und Safari (M)) können Sie ohne großen Aufwand im Internet nach Nachrichten suchen. Abonnieren Sie z.B. den Nachrichtendienst einer Online-Zeitung, sucht Ihr Browser automatisch mehrmals am Tag nach neuen Einträgen auf der Site der Zeitung. Wurden neue Nachrichten hinzugefügt, zeigt Ihr Browser das an. Mit iTunes können Sie auf dieselbe Art nach Podcasts suchen.

◉ Videopodcasts

Ein logischer Schritt führte von Radio- zu Fernsehsendungen. Das Internet eignet sich in besonderer Weise, um Videobilder zu verbreiten. Da (wie bei Musik) auch bewegte Bilder immer besser komprimiert werden können, entstehen kleine Dateien, die sich relativ schnell übertragen lassen. Seit iTunes Version 5 können Videos und Filme in iTunes selbst wiedergegeben werden. Jetzt hat Apple damit begonnen, Videos und Clips aus dem iTunes Store herunterzuladen. Genauso einfach wie Radio-Podcasts laden Sie auch sogenannte Videopodcasts herunter.

Von kurzen Animationen bis hin zu langen Episoden historischer Programme – auch im Bereich Videos ist im Podcast-Bereich des iTunes Store einiges zu finden. Auch Videopodcasts lassen sich abonnieren, sodass Sie diese auf Ihrem Computer oder auf einem iPod der fünften Generation wiedergeben können. Wie Radio-Podcasts sind auch Videopodcasts meist gratis.

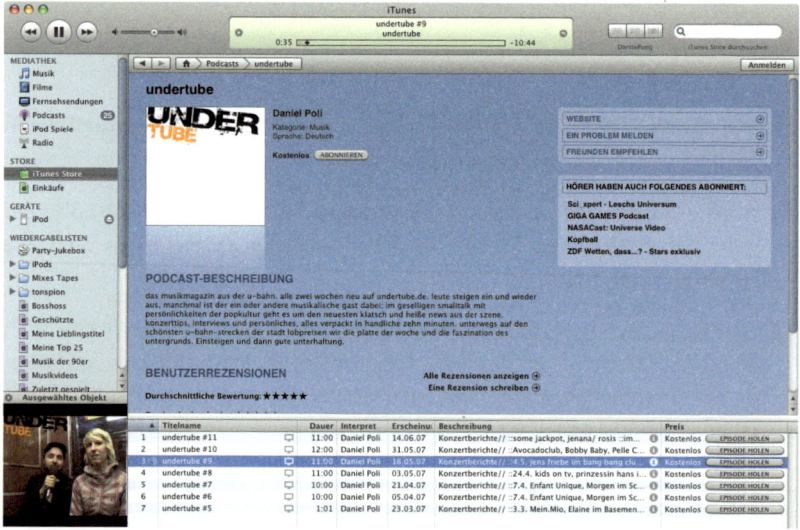

Sie erkennen einen Videopodcast am dahinter befindlichen Bildschirmsymbol (⬜). Doppelklicken Sie eine Episode, um direkt eine Vorschau zu sehen (hierzu ist allerdings eine wirklich schnelle Internetverbindung erforderlich).

Sobald Sie eine Episode herunterladen oder einen Videopodcast abonnieren, zeigt iTunes (wie bei herkömmlichen Podcasts) das Fenster **Podcasts** an. Gehen Sie mit Videopodcasts genauso um wie mit Radio-Podcasts, iTunes macht zum Glück keinen Unterschied zwischen Audio und Video. Siehe Seite 126 zu PDF-Dokumenten und Podcasts.

Videopodcast wiedergeben

Wie ein Podcasts und Musik aus der Bibliothek geben Sie einen Videopodcast wieder, indem Sie ihn doppelklicken. Die Cover-Anzeige öffnet sich automatisch, falls diese noch nicht eingeblendet ist, und darin erscheint das Video. Klicken Sie in diesen Bereich, wird der Videopodcast (oder Film) in einem separaten größeren Fenster wiedergegeben.

Klicken Sie in die Cover-Anzeige, in der ein Video wiedergegeben wird, öffnet sich ein separates Fenster. Fahren Sie mit dem Mauszeiger über das Fenster, werden Steuerelemente eingeblendet. Klicken Sie in das Symbol ganz rechts, um das Video bildschirmfüllend anzuzeigen.

Der Punkt, an dem Sie die Wiedergabe eines Videopodcast unterbrechen, wird von iTunes registriert. Wenn Sie also später weiterschauen möchten, doppelklicken Sie die Episode und diese wird ab dem Punkt wiedergegeben, an dem Sie zuletzt aufgehört haben zu schauen.

Quicktime H.264

Videopodcasts nehmen auf der Festplatte mehr Speicherplatz ein, weil Video mehr Daten enthält als Audio. Zum Glück werden die meisten Videopodcasts im Quicktime-H.264-Format gespeichert, das sich sowohl auf kleinen als auch auf großen Bildschirmen sehr gut wiedergeben lässt, ohne allzu viel Speicherplatz zu belegen. Ein Videopodcast von einer Minute Länge benötigt etwa 5 MB Speicherkapazität. Mit dieser Methode passen einige Videopodcasts auf Ihren iPod mit Videounterstützung.

Quicktime wird standardmäßig mit jedem Mac ausgeliefert und sobald Sie iTunes auf einem PC installieren, ist Quicktime dabei.

Podcasts und der iPod

Wenn Ihr iPod auf automatisches Synchronisieren eingestellt ist, werden auch alle heruntergeladenen Episoden auf den iPod übertragen. Natürlich können Sie das in den persönlichen Einstellungen ändern. Schließen Sie den iPod an, klicken Sie auf das iPod-Symbol in der Liste **Quelle** und auf den Tab **Podcasts**.

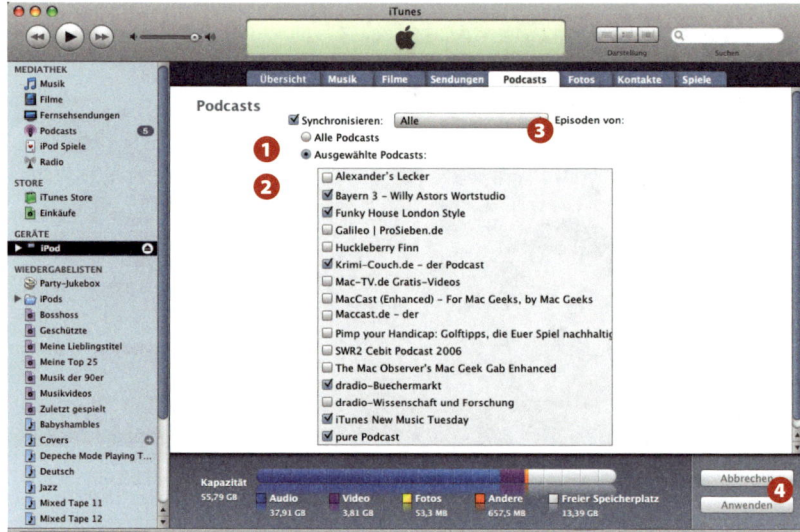

1 Markieren Sie das Feld **Synchronisieren** und wählen Sie **Alle Podcasts**, um alle Podcasts automatisch auf den iPod zu übertragen.

2 Wählen Sie die Option **Ausgewählte Podcasts** und markieren Sie im darunterliegenden Feld die gewünschten Podcasts. Der iPod aktualisiert dann nur die markierten Podcasts.

3 Wenn Sie automatisch alle oder ausgewählte Podcasts aktualisieren lassen, legen Sie hier fest, ob alle oder nur die neuesten Episoden aktualisiert werden sollen. Sie haben verschiedene Optionen zur Wahl (siehe unten).

4 Klicken Sie in **Anwenden**, wenn Sie mit den Einstellungen fertig sind.

Wählen Sie im Einblendmenü, welche Podcasts Sie synchronisieren möchten, z.B. nur die neuesten, alle nicht wiedergegebenen oder einfach alle.

> Alle
> 1 neueste
> 3 neueste
> 5 neueste
> 10 neueste
>
> Alle ungespielten
> Letzte ungespielte

Wo sind die Podcasts auf dem iPod?

Auf dem iPod finden Sie Podcasts unter **Musik/Podcasts** und Videopodcasts (nur auf iPods der fünften Generation) unter **Videos/Videopodcasts**. Haben Sie einen Videopodcast noch nicht wiedergegeben, erkennen Sie das an dem blauen Kreis vor dem Titel des Podcast. Wie in iTunes verschwindet dieser, wenn der Podcast abgespielt wurde. Schließen Sie den iPod später an den Computer an, verschwinden die Kreise bei Podcasts, die Sie bereits auf dem iPod wiedergegeben haben, auch in iTunes automatisch. iTunes behält alles bei, egal, ob die Wiedergabe auf dem iPod oder in iTunes selbst erfolgt ist.

© Apple

Auf iPods der fünften Generation
können Sie auch Videopodcasts
wiedergeben.

Bei der Wiedergabe eines Podcast oder Videopodcast wird registriert, an welcher Stelle dieser unterbrochen wird. Starten Sie die Wiedergabe in iTunes oder auf dem iPod erneut, wird dieser an der richtigen Stelle fortgesetzt.

Der iPod shuffle und Podcasts

Obwohl der iPod shuffle kein Display hat, können Sie natürlich auch hierauf Podcasts übertragen und wiedergeben. Im Übersichtsfenster des iPod shuffle finden Sie nichts zu Podcasts. Sie müssen die gewünschten Episoden manuell auf das iPod shuffle-Symbol in der Liste **Quelle** ziehen. Sie können auch einen kompletten Podcast inklusive aller Episoden auf den iPod shuffle ziehen.

Ziehen Sie den gewünschten
Podcast auf das Symbol des
iPod shuffle in der Liste **Quelle**.

● Tipps für Podcasts

Die Zeitung auf dem Computer?

Wie bereits erwähnt, kann ein Podcast auch Bilder in Form von Fotos oder PDF-Dokumenten beinhalten. Diese Objekte erkennen Sie an dem Symbol eines kleinen Buchs hinter dem Namen der Episode. Doppelklicken Sie darauf, um das Objekt im entsprechenden Programm zu öffnen (z.B. Acrobat Reader für PDF-Dokumente). Es gibt Zeitungen, die tägliche Ausgaben als PDF zur Verfügung stellen, ideal, wenn Sie die Nachrichten lesen möchten. Das Schöne an PDFs ist, dass Sie diese natürlich drucken können.

Leider können Sie PDF-Dokumente bisher nicht auf dem iPod lesen, vielleicht wird das jedoch in Zukunft möglich sein.

Schützen Sie Ihre Kinder

Im iTunes Store sind Podcasts und Videopodcasts zu den verschiedensten Themen zu finden. Davon sind nicht alle für jugendliche Zuhörer und Zuschauer geeignet. Glücklicherweise werden alle Podcasts, bevor diese zum iTunes Store hinzugefügt werden, auf ihren Inhalt überprüft. Ist das Thema ungeeignet für Kinder, erhält ein solcher Podcast den Zusatz *explicit*. Sie erkennen solche Podcasts an dem Symbol EXPLICIT hinter dem Titel einer Episode. Innerhalb von iTunes können Sie festlegen, dass Kinder nicht in der Lage sind, Episoden eines solchen Podcast herunterzuladen. Wählen Sie **iTunes/Einstellungen** (M) bzw. **Bearbeiten/Einstellungen** (W) und klicken Sie in **Kindersicherung**. Hier können Sie angeben, dass anstößige Inhalte im iTunes Store nicht zugänglich sein sollen. Klicken Sie abschließend in das Schloss, um Änderungen zu verhindern.

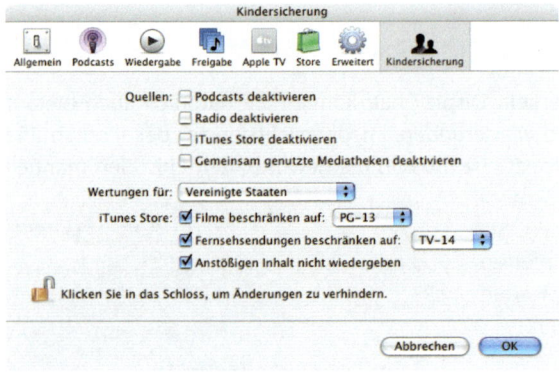

Schützen Sie Ihre Kinder vor anstößigen Inhalten im iTunes Store, das gilt auch für Musik und Filme.

Einen Podcast erstellen

Konnten die Podcasts Sie so für das Thema begeistern, dass Sie selbst einen Podcast erstellen möchten? Da die für Podcasts verwendete Technik nicht sehr kompliziert ist, können Sie leicht einen eigenen Podcast herausbringen.

Das Schöne an Podcasts ist, dass diese so persönlich werden, wie Sie möchten. Es gibt Leute, die sehr sachliche Podcasts veröffentlichen, aber auch andere, die über ihren Alltag berichten, sodass Sie einen Podcast auch als Tagebuch verwenden können.

In erster Linie benötigen Sie ein Mikrofon, das Sie an Ihren Computer anschließen können, sowie ein Programm, mit dem Sie die Aufnahmen weiterbearbeiten können. Als Mikrofon können Sie natürlich auch Ihr Mobiltelefon oder *PDA* (elektronisches Notizbuch) verwenden, um die Aufnahmen über Bluetooth auf den Computer zu übertragen. Besitzen Sie einen iPod, können Sie auch diesen verwenden. Kaufen Sie den MicroMemo von XtremeMac (siehe Seite 146) und machen Sie damit Aufnahmen mit dem iPod.

Für die Montage können Sie ein Programm wie Audicity einsetzen. Das Programm ist einfach zu nutzen und sowohl für Windows als auch für Mac erhältlich. Weitere Informationen finden Sie unter http://audicity.sourceforge. net. Mac-Anwender können Podcasts einfach und schnell mit der neuen Version von GarageBand erstellen. Siehe dazu die folgende Seite.

Natürlich ist es sinnvoll, Berichte und Texte mit Musik und *Samples* aufzulockern. Achten Sie dabei jedoch darauf, keine Musik einzusetzen, die urheberrechtlich geschützt ist. Leider gilt das für fast alle kommerzielle Musik. Im Internet finden Sie Websites mit rechtefreier Musik zur Verwendung in Podcasts.

Es hat sich herausgestellt, dass Zuhörer Podcasts von rund fünfzehn Minuten bevorzugen, lassen Sie Ihren also nicht zu lang werden. Nach der Montage müssen Sie die Datei als MP3 oder AAC speichern und anschließend ins Internet bringen, z.B. mithilfe von Webspace Ihres Providers. Zudem müssen Sie eine XML-Datei anlegen, die die Daten über Ihren Podcast enthält, sodass Programme wie iTunes den Podcast wiedergeben und die jeweils neueste Episode herunterladen können.

Weitere Informationen zu dieser XML-Datei (die übrigens auch im Web veröffentlicht werden muss) finden Sie unter http://www.apple.com/itunes/ podcasts/techspecs.html. Inzwischen gibt es bereits praktische Programme, die Sie dabei unterstützen, da Sie ansonsten Programmierkenntnisse mitbringen müssen.

GarageBand

Haben Sie auf Ihrem Mac die iLife-Suite installiert? Dann kennen Sie sicher auch das Programm GarageBand. Dieses dient in erster Linie dazu, einfach eigene Musik zu machen. GarageBand wird mit jedem neuen Mac ausgeliefert, ist jedoch auch einzeln als Bestandteil von iLife '06 oder später erhältlich.

Dank des Erfolgs der Podcasts hat Apple GarageBand um ein sogenanntes Podcast Studio erweitert. Dieser Bestandteil von GarageBand ist speziell auf die Produktion von Podcasts ausgerichtet. Ziehen Sie Soundfragmente in die Tonspur und zeichnen Sie einfach Ihre eigene Stimme auf. Es ist sogar ein sogenannter *Ducking*-Effekt integriert, der aus dem Radio bekannt ist und dafür sorgt, dass die Hintergrundspur gedämpft wird, sobald die Sprache einsetzt.

Haben Sie Ihren eigenen Podcast fertiggestellt, erzeugt GarageBand automatisch eine AAC-Datei sowie die dazugehörige XML-Datei, die Sie im Internet veröffentlichen können. Besitzen Sie einen .Mac-Account (www.mac.com), wird es ganz einfach. Mit iWeb (ebenfalls Bestandteil von iLife '06) können Sie Ihre Podcasts und Videopodcasts selbst im Web veröffentlichen, ohne dass Sie komplizierten Code eingeben müssen.

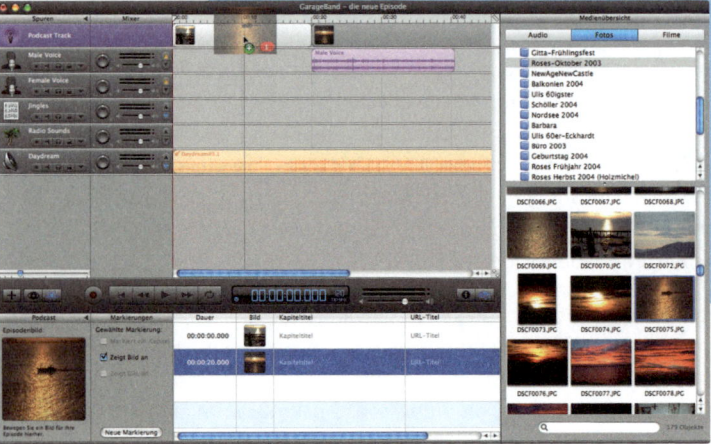

GarageBand für Mac mit integriertem Podcast Studio

8

Praktische Tipps für iTunes und den iPod

⊙ Tipps für iTunes

Spalten anpassen

Die Spalten in iTunes lassen sich ganz nach Geschmack anpassen. Ändern Sie z.B. die Reihenfolge oder zeigen Sie Spalten an, die standardmäßig nicht sichtbar sind. Wählen Sie **Darstellung/Darstellungsoptionen** (M) bzw. **Anzeigen/ Darstellungsoptionen** (W) und markieren Sie die Spalten, die Sie anzeigen möchten. Diese Anpassungen sind für jeden Eintrag der Liste **Quelle** möglich.

Blenden Sie Spalten ein oder aus.

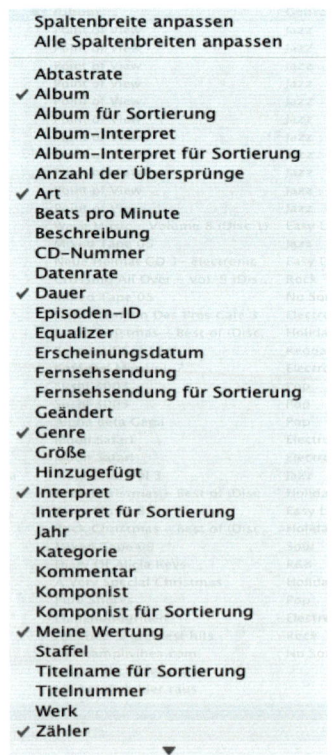

Passen Sie die Breite der Spalte(n) automatisch an.

Ändern Sie die Reihenfolge der Spalten, indem Sie mit gedrückter Maustaste einen Spaltenkopf anklicken und diesen nach links oder rechts ziehen. Passen Sie die Breite der Spalten schnell an den längsten Eintrag an, indem Sie mit der rechten Maustaste in den Spaltenkopf klicken und den Eintrag **Spaltenbreite anpassen** wählen.

Musik im Netzwerk freigeben

In einem lokalen Netzwerk können die einzelnen iTunes-Bibliotheken auf allen Computern genutzt werden. In einem Netzwerk installieren Sie auf allen Computern iTunes (Sie finden die neueste Version unter www.itunes.com). Wählen Sie **iTunes/Einstellungen** (M) bzw. **Bearbeiten/Einstellungen** (W) und klicken Sie in **Freigabe**. Nach der Freigabe müssen Sie nicht mehr alle CDs mehrmals importieren, sondern können von jedem Computer aus die Musik der anderen wiedergeben. Diese Titel lassen sich jedoch weder kopieren noch in eigene Wiedergabelisten aufnehmen oder anderweitig ändern.

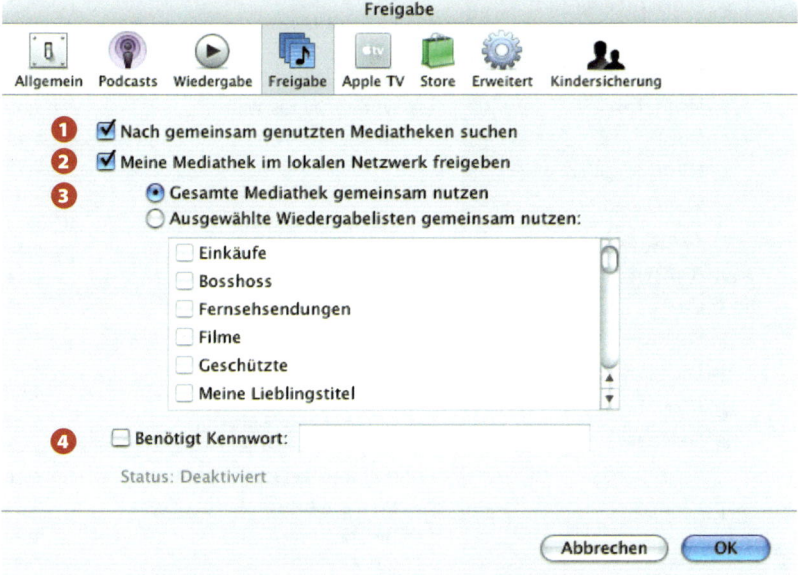

1 Geben Sie an, ob dieser Computer nach freigegebenen Bibliotheken im Netzwerk suchen soll.

2 Legen Sie hier fest, ob Sie die Bibliothek auf diesem Computer für andere Computer freigeben und damit sichtbar machen möchten.

3 Entscheiden Sie, ob die gesamte Musik oder nur bestimmte Wiedergabelisten freigegeben werden.

4 Legen Sie eventuell ein Kennwort fest, wenn Sie nicht jedem im Netzwerk Zugang zu Ihrer Bibliothek verschaffen möchten.

Der Name der freigegebenen Bibliothek kann auf dem Tab **Allgemein** einge-tragen werden. Der dort eingegebene Name erscheint bei den angeschlossenen Benutzern in der Liste **Quelle**.

Befindet sich im Netzwerk ein Computer, dessen Musik freigegeben ist, erscheint der Name in der Liste Quelle. Klicken Sie in den Namen, um die Musik sichtbar zu machen. Das kann einen Moment dauern, abhängig davon, wie viel Musik sich in der Bibliothek befindet und wie schnell die Netzwerkverbindung ist. Wie gesagt, lässt sich die Musik nur wiedergeben, jedoch nicht kopieren oder ändern.

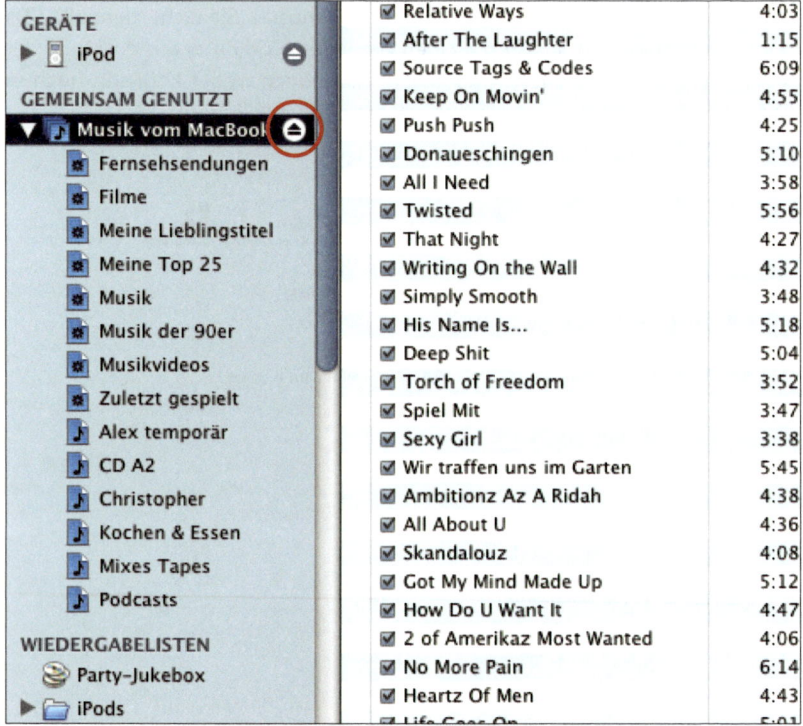

Die freigegebene Musik des anderen Computers wird in der Liste **Quelle** inklusive der Wiedergabelisten sichtbar. Gemeinsame Bibliotheken haben ein dunkelblaues Symbol.

Es können maximal fünf Computer eine Bibliothek gemeinsam nutzen. Um die Verbindung für einen anderen Computer freizumachen, klicken Sie in die Taste **Auswerfen** neben dem Namen der Bibliothek (siehe Abbildung).

Doppelte Titel

Es kommt natürlich schon mal vor, dass Sie versehentlich eine CD zum zweiten Mal importieren oder ein Album einen Titel enthält, der sich bereits in der Bibliothek befindet. Das ist eigentlich eine Schande in Bezug auf den Platz auf Ihrer Festplatte und dem iPod. iTunes kann jedoch doppelte Titel anzeigen, wodurch es einfacher wird, diese aufzufinden und gegebenenfalls zu entfernen. Wählen Sie **Darstellung/Duplikate anzeigen** (M) bzw. **Anzeigen/Doppelte Titel anzeigen** (W). Im Fenster erscheinen alle Titel, deren Name übereinstimmt. Bevor Sie einen Titel voreilig löschen, sollten Sie diesen jedoch wiedergeben. Es kann sich nämlich durchaus um eine andere Version handeln, wie z.B. eine Live-Aufnahme oder eine extra lange Fassung. iTunes zeigt nur Titel mit dem gleichen Namen an, die Länge bleibt unberücksichtigt. Löschen müssen Sie die Titel von Hand. Wenn Sie dies von Zeit zu Zeit tun, bleibt die Liste mit doppelten Titeln verhältnismäßig kurz. Klicken Sie abschließend in **Alle einblenden**, um wieder alle Titel anzuzeigen.

iTunes kann alle doppelten Titel in der Bibliothek anzeigen.

Sterne vergeben

In iTunes können Sie Musik mit Sternen bewerten. Sie können maximal fünf Sterne nach Herzenslust vergeben. In der Spalte **Meine Wertung** fügen Sie Sterne mit dem Mauszeiger hinzu, indem Sie in die entsprechenden Punkte klicken. Sterne sind äußerst praktisch, wenn Sie intelligente Wiedergabelisten erstellen oder die Party-Jukebox verwenden (siehe Seite 86).

Auch auf Ihrem iPod können Sie mit der Vergabe von Sternen fortfahren. Während der Wiedergabe eines Titels, den Sie beurteilen möchten, drücken Sie so oft die Taste Mitte, bis fünf Pünktchen im Display erscheinen. Drehen Sie dann das Click Wheel, um dem Titel Sterne zuzuweisen.

Geben Sie einem Titel Sterne, indem Sie in der Spalte **Meine Wertung** auf das entsprechende Pünktchen klicken.

Dank der Bewertung können Sie sehr einfach eine intelligente Wiedergabeliste erstellen, siehe dazu Seite 79.

Backup der Musikbibliothek

Eigentlich sollte jeder von Zeit zu Zeit ein Backup anfertigen. Häufig haben Sie keine Vorstellung davon, wie viele wertvolle Dateien sich auf Ihrem Computer befinden. Eine Katastrophe, wenn die Festplatte kaputt geht und alle Dateien unlesbar sind, was häufiger vorkommt, als Sie denken. Führen Sie daher regelmäßig ein Backup durch, was einen Haufen Elend ersparen kann.

Sie können Ihre Fotos, Videos und Musik in iTunes einfach sichern. Wählen Sie **Ablage/Auf Sicherungsmedium sichern** (M) bzw. **Datei/Sicherheitskopie auf Speichermedium** (W). Sie haben nun die Wahl, ob Sie eine Kopie der gesamten Bibliothek oder nur die im iTunes Store gekauften Artikel sichern möchten.

Zudem können Sie markieren, dass nur die seit der letzten Sicherung geänderten Artikel gespeichert werden, was sehr praktisch und zeitsparend ist, wenn Sie zu einem früheren Zeitpunkt bereits eine Sicherung durchgeführt haben.

Erstellen Sie regelmäßig eine Sicherungskopie von den Daten in iTunes.

Der Computer fordert Sie nun auf, einen DVD-Rohling einzulegen. Das ist ein relativ günstiges und sicheres Medium für eine Datensicherung. Ist Ihre Musiksammlung größer als 4,7 GB (das ist die Speicherkapazität einer DVD), werden Sie nach einiger Zeit aufgefordert, einen weiteren Rohling einzulegen.

Auf eine externe Festplatte

Sie können auch auf andere Art ein Backup durchführen. iTunes kopiert alle Musikdateien in einen Ordner auf Ihrem Computer, den Sie unter **[Benutzername]/Musik/iTunes** (M+W) finden. Kopieren Sie den Ordner mit dem Namen **iTunes** z.B. auf eine (externe) Festplatte, haben Sie eine perfekte Datensicherung. Erstellen Sie Sicherheitskopien immer auf einem anderen Speichermedium, wie z.B. einer anderen Festplatte. Ein Backup auf derselben Festplatte hat wenig Sinn.

Hilfe! Wo ist meine Musik?

Es kann natürlich passieren, dass auf Ihrem Computer etwas schiefgeht. Mitunter kann schon ein Stromausfall für Probleme sorgen. Sollte es vorkommen, dass iTunes beim Starten keine Musik mehr findet, geraten Sie nicht in Panik. Beenden

Sie iTunes und rufen Sie den iTunes-Ordner auf, wahrscheinlich unter **~/Musik/ iTunes** (M+W). Löschen Sie die Dateien **iTunes Library.itl** und **iTunes Music Library.xml**. Kopieren Sie die Datensicherungen dieser Dateien zurück in diesen Ordner und starten Sie iTunes erneut.

Haben Sie keine Sicherheitskopien dieser Dateien, müssen Sie nachsehen, ob sich Ihre Musik noch im iTunes-Ordner befindet. Ist das der Fall, löschen Sie alle Library-Dateien aus dem iTunes-Ordner, nicht jedoch den Ordner mit der Musik selbst (iTunes Music). Starten Sie iTunes erneut und wählen Sie **Ablage/Zur Bibliothek hinzufügen** (M) bzw. **Datei/Datei zur Bibliothek hinzufügen** (W) und wählen Sie den Ordner **iTunes Music**. Leider sind damit alle Wiedergabelisten und Bewertungen verloren, aber die Titel bleiben erhalten.

Hörbücher

Im iTunes Store werden auch Hörbücher angeboten, sodass Sie Ihre Lieblingsbücher auch auf dem iPod anhören können. Klicken Sie im iTunes Store links oben auf **Hörbücher**, um die verfügbaren Kategorien und Titel anzuzeigen. Suchen Sie alternativ bei Google oder auf der Website von Audible (www.audible.de), dem größten Online-Vertrieb von Hörbüchern, nach interessanten Titeln.

Eine Textdatei aus einer Titelliste erstellen

Möchten Sie alle Titel der Bibliothek oder einer bestimmte Wiedergabeliste als Liste anzeigen, die Sie z.B. drucken können? Oder eine Liste Ihrer Lieblingstitel auf Ihre Website stellen? In iTunes ist es problemlos möglich, die Titel in der Liste zu drucken oder in eine andere Textdatei zu exportieren.

Wählen Sie die Wiedergabeliste (oder die gesamte Bibliothek) und **Ablage/ Exportieren** (M) bzw. **Datei/Exportieren** (W). Wählen Sie einen Speicherort für die Datei. Sie können z.B. die Titel als XML-Datei exportieren. Diese Art von Datei können Sie auf einer Website nutzen.

Möchten Sie eine Liste drucken, wählen Sie **Ablage/Drucken** (M) bzw. **Datei/ Drucken** (W) und im Fenster **Musik drucken** die Option **Liste der Titel**. iTunes druckt daraufhin eine Liste aller Titel einer Wiedergabeliste bzw. der Bibliothek. Solche Listen eignen sich gut, um die Übersicht über Ihre Bestände zu behalten.

Bosshoss
20 Titel, 1,1 Stunden, 68,8 MB

Titelname	Dauer	Album	Interpret
A Little Les Conversation	3:08	Internashville Urban Hymns	The Bosshoss
Hey Joe	4:00	Internashville Urban Hymns	The Bosshoss
Unbelievable	3:30	Internashville Urban Hymns	The Bosshoss
Word Up	4:10	Internashville Urban Hymns	The Bosshoss
Intro 1	0:23	Rodeo Radio	The Bosshoss
Rodeo Radio	2:47	Rodeo Radio	The Bosshoss
Ring Ring Ring	3:18	Rodeo Radio	The Bosshoss
My Favourite Game	3:33	Rodeo Radio	The Bosshoss
I Say a Little Prayer (Single Version)	2:57	Rodeo Radio	The Bosshoss
I'm On a High	3:07	Rodeo Radio	The Bosshoss
Hell Yeah (Single Version)	2:42	Rodeo Radio	The Bosshoss
Hot Stuff	3:31	Rodeo Radio	The Bosshoss
Rodeo Queen	3:45	Rodeo Radio	The Bosshoss
It's Not Unusual	2:43	Rodeo Radio	The Bosshoss
Shake a Leg	3:56	Rodeo Radio	The Bosshoss
Mary Marry Me	4:47	Rodeo Radio	The Bosshoss
Jesus' Built My Hotrod	3:32	Rodeo Radio	The Bosshoss
Upside Down	3:31	Rodeo Radio	The Bosshoss
Ça plane pour moi	3:24	Rodeo Radio	The Bosshoss
You'll Never Walk Alone (Yodle Blu...	7:21	Rodeo Radio	The Bosshoss

● Tipps für den iPod

Der iPod ist inzwischen so beliebt, dass immer mehr Informationen über dieses wunderbare Gerät verfügbar sind. Es gibt jedoch auch häufige Fragen, auf die Sie weniger leicht eine Antwort finden. Natürlich dürfen solche Fragen in diesem Buch nicht fehlen, darum finden Sie hier alle Tipps und Tricks für den iPod.

Der Akku

Der iPod hat einen eingebauten Akku. In dem Maße, wie der iPod altert, kann die Leistung des Akkus abnehmen. Sie können den iPod dann immer kürzer benutzen, bis Sie ihn wieder aufladen müssen. Früher war das Auswechseln des Akkus eine kostspielige Angelegenheit. Glücklicherweise ist der iPod jedoch ein Massenprodukt geworden, sodass ein neuer Akku heute für ca. 20 Euro zu haben ist. Sie können einen Akku im Internet bestellen oder in einem Apple-Store in der Nähe kaufen. Wenn Sie geschickt sind, können Sie den Akku sogar selbst austauschen. Einige Apple-Händler haben eine eigene Werkstatt, die den Akku gegen einen geringen Aufpreis für Sie einsetzen. Das hat den großen Vorteil, dass Ihr iPod nicht eingeschickt werden muss und Sie ihn daher schneller zurückbekommen.

Am besten lassen Sie den Akku von Zeit zu Zeit vollkommen entladen und laden ihn anschließend komplett auf. Es ist sehr ungünstig, den iPod nach Abschluss des Ladevorgangs zu lange am Ladegerät zu lassen.

Noch länger iPod hören

Die Beschreibungen der iPods geben immer eine längere Laufzeit an, als in der Praxis zu erzielen ist. Die Spielzeit Ihres iPod verlängert sich, wenn Sie die Beleuchtung ausschalten. Zudem sollten Sie den Equalizer besser nicht verwenden, da auch dieser zusätzlich Strom verbraucht. Interpreten oder Bands gehen ohnehin nicht davon aus, dass Sie den Klang verändern.

iPod als Festplatte

Viele fragen sich, warum sie einen 80 GB iPod wählen sollten. Auf der Apple-Website ist zu lesen, dass darauf etwa 20.000 Titel gespeichert werden können, was unglaublich viel ist. Sie können den iPod jedoch nicht nur zum Speichern von Songs benutzen. Ihr iPod ist nämlich eine Festplatte, auf der Sie auch andere Daten speichern können. Wenn Sie noch Platz auf Ihrem iPod übrig haben, können Sie wichtige Dokumente als Datensicherung auf dem iPod speichern. Möchten Sie Daten zwischen Computern austauschen, lässt sich das natürlich auch mit einem iPod bewerkstelligen. Sie können z.B. einfach Dateien von zu Hause mit zur Arbeit nehmen und umgekehrt. Ihr iPod ist eine tragbare Festplatte. Um ihn als solche nutzen zu können, müssen Sie die entsprechende Einstellung in iTunes vornehmen.

1. Schließen Sie den iPod mit dem mitgelieferten Kabel an den Computer an.

2. Klicken Sie in der Liste **Quelle** auf das Symbol des iPod.

3. Klicken Sie in den Tab **Übersicht**.

4. Markieren Sie das Feld **Verwendung als Volume** aktivieren.

Von jetzt an sehen Sie den iPod auch auf dem Schreibtisch. Doppelklicken Sie das iPod-Symbol, sehen Sie alle Dokumente, die auf dem iPod gespeichert sind. Es ist wichtig, den iPod immer zuerst auszuwerfen, bevor Sie das Kabel herausziehen. Tun Sie das nicht, kann der iPod bleibenden Schaden erleiden. Klicken Sie also vor dem Trennen in das Symbol **Auswerfen**. Ist das iPod-Symbol von Ihrem Schreibtisch verschwunden, ist der iPod ausgeworfen und kann abgelöst werden.

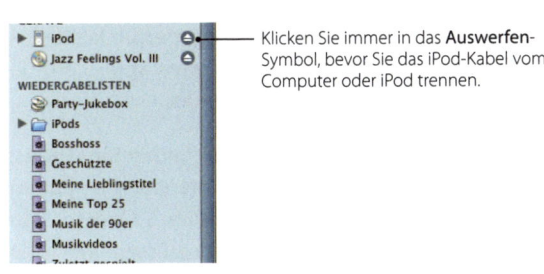

Klicken Sie immer in das **Auswerfen**-Symbol, bevor Sie das iPod-Kabel vom Computer oder iPod trennen.

Musik kopieren

Mit iTunes können Sie sämtliche Musik von Ihrem Computer auf den iPod übertragen, jedoch nicht vom iPod auf Ihren Computer kopieren. Das ist bewusst so eingerichtet, weil Musik nicht beliebig unerlaubt kopiert werden darf. Da Musik nur vom Computer auf den iPod kopiert werden kann, soll dies einigermaßen gewährleistet werden. Ansonsten wäre es sehr einfach, alle Titel vom iPod eines anderen zu kopieren.

Technisch gesehen ist es dennoch möglich. Im Internet findet man diverse Programme, mit denen sich die Musik von einem iPod auf einen Computer übertragen lässt. Das kann sehr praktisch sein, wenn z.B. Ihr Computer abgestürzt ist und sich Ihre Musik nur noch auf dem iPod befindet. Die folgenden Programme wurden für den Mac geschrieben:

- **iPod -> Folder**

- **iPodRip**

- **Escape Pod**

- **PodWorks**

Für den PC sind folgende Programme verfügbar:

- **iPod->Folder**

- **iPodRip Win**

- **PodUtil**

Um diese Programme aus dem Internet herunterzuladen, besuchen Sie am besten die Website von Versiontracker (http://www.versiontracker.com). Schön, dass fast alle Programme *Freeware* und somit kostenlos verfügbar sind.

iTunes updaten

Technische Entwicklungen folgen in rasantem Tempo aufeinander. Software ist genauso Veränderungen unterworfen, was auch für iTunes gilt. Ständig kommen neue Funktionen hinzu oder werden alte verbessert. Während des Schreibens dieses Buchs war iTunes 7.2 die neueste Version. Es erscheinen jedoch immer neue Updates. Sie können die jeweils neueste iTunes-Version jederzeit kostenlos von der Apple-Website herunterladen. Besuchen Sie dazu www.apple.com/de und klicken Sie auf der Webseite oben in den Tab **iPod + iTunes**.

Folgen Sie dann dem Link **Laden Sie iTunes**. Bevor Sie mit dem Herunterladen beginnen können, werden Sie nach Ihrer E-Mail-Adresse gefragt, die Sie eintragen müssen. Möchten Sie keine E-Mails von Apple erhalten, müssen Sie die Markierung beider Felder entfernen, bevor Sie fortfahren.

Außerdem müssen Sie hier angeben, ob Sie einen PC (also Windows) oder einen Mac (Apple Mac OS X) haben. Klicken Sie anschließend in die Taste **iTunes kostenlos laden**. Ist der Download abgeschlossen, wird iTunes installiert und gestartet.

Für Mac-Benutzer ist es noch viel einfacher, sie können automatisch kontrollieren, ob eine neuere iTunes-Version verfügbar ist. Hierzu wird allerdings eine Internetverbindung benötigt. Klicken Sie links oben in der Menüleiste in das blaue Apple-Logo und wählen Sie **Software-Aktualisierung**. Der Computer sucht dann im Internet nach den neuesten Versionen der installierten Software, u.a. auch iTunes. Klicken Sie in **Objekt(e) installieren**, wenn eine neue Version verfügbar ist.

Firmware updaten

Ebenso wie ein Computer Software verwendet, arbeitet auch ein iPod mit Software. Versuchen Sie immer, die neueste Version von iTunes zu installieren, da damit nicht nur die neueste iTunes-Version auf Ihren Computer, sondern gleichzeitig auch die spezielle Software für Ihren iPod heruntergeladen wird. Diese wird auch *Firmware* genannt.

Es empfiehlt sich, die Firmware des iPod regelmäßig upzudaten. Dazu müssen Sie nur die neueste iTunes-Version herunterladen und installieren. Sobald Sie den iPod mithilfe eines Kabels anschließen, wird auch der iPod mit der neuesten Software versehen.

Die Firmware des iPod überprüfen:

1. Wählen Sie aus dem Hauptmenü auf dem iPod den Eintrag **Einstellungen**.

2. Wählen Sie **Über**.

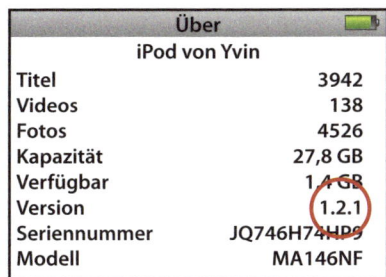

Die aktuelle Version der Firmware auf dem iPod

Sie sehen allerlei Daten zu Ihrem iPod, darunter die **Version**. Auf der Apple-Website finden Sie die neueste Firmware-Version. Sollte eine neuere Version verfügbar sein, lohnt es sich, diese herunterzuladen (siehe Seite 144).

Die Informationen in iTunes, sobald der iPod angeschlossen ist

Auch im Übersichtsfenster finden Sie die Informationen über Ihre iPod Firmware. Von hier aus können Sie die Firmware auch aktualisieren oder wiederherstellen. Weitere Informationen zum Übersichtsfenster finden Sie auf Seite 51.

iPod-Websites

Es wird viel über den iPod geschrieben, nicht nur in diesem Buch, sondern auch im Internet. Es gibt zahlreiche Websites, in die Sie einen Blick werfen können. Auf diesen Sites finden Sie meistens die neuesten den iPod betreffenden Informationen.

iLounge.com

ILounge ist eine bekannte amerikanische Site, auf der Sie wirklich alles über den iPod erfahren. Hier finden Sie immer Tests der neuesten iPod-Zubehörteile. Sie können mit anderen iPod-Benutzern chatten und es gibt ein Forum, in dem Sie Ihre Fragen, Kommentare und Probleme loswerden können.

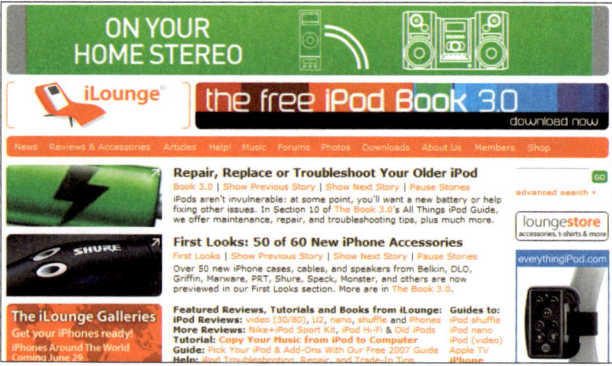

MacRumors

Apple versucht, neue Produkte geheimzuhalten. MacRumors.com ist eine Site, auf der Sie viele Gerüchte über neue Produkte von Apple finden. Einige sind völlig aus der Luft gegriffen, andere dagegen durchaus zutreffend. Wenn Sie sicher sein möchten, dass Sie keinen Fehlkauf tätigen, indem Sie einen iPod erwerben, obwohl vielleicht schon morgen ein neues Modell herauskommt, schauen Sie bei MacRumors vorbei. Unter http://ipod.macrumors.com finden Sie die neuesten Gerüchte über den iPod.

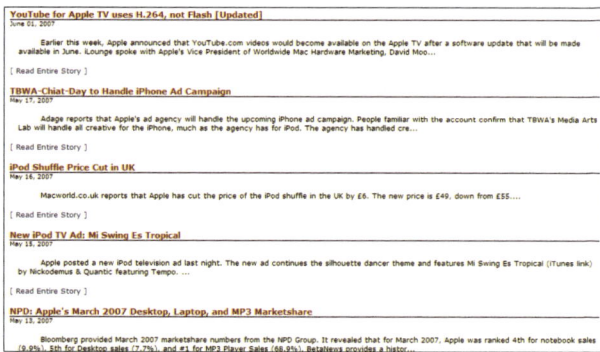

ifun.de

Im Vergleich zu englischsprachigen Websites ist das deutsche Angebot weniger umfangreich. Unter http://www.ifun.de, http://www.ipodlounge.de sowie http://www.ipodnews.de finden Sie jedoch deutsche Sites, die sich rund um den iPod drehen. Auf der Site von mac-essentials (http://www.mac-essentials.de) gibt es eine eigene Rubrik zum Thema iPod.

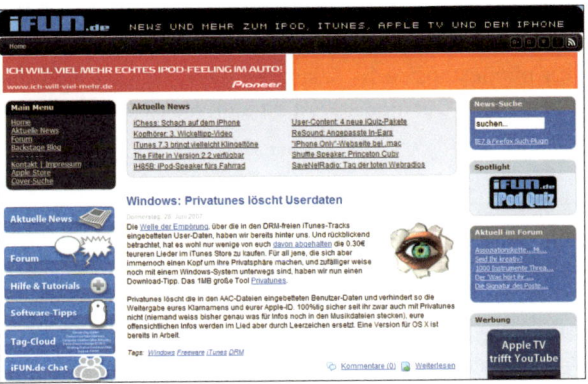

iPod 101 von Apple

Apple betreibt eine eigene Website mit praktischen Tipps für iTunes und den iPod, die sozusagen als offizielle iPod-Website betrachtet werden kann. Erwarten Sie daher keine Gerüchte zu neuen iPods, hier erhalten Sie reine Fakten. Sie finden diese Site unter http://www.apple.com/de/support/ipod101. Ausgehend von der Support-Site für den iPod (http://www.apple.com/de/support/ipod/) können Sie auch spezielle Seiten zu bestimmten Modellen aufrufen.

◉ Probleme lösen

Zurücksetzen

Gelegentlich wird sich Ihr iPod aufhängen. Meistens reagiert er dann gar nicht mehr. Sie müssen sich jedoch keine Sorgen machen, denn der iPod ist nicht kaputt. Sie müssen ihn nur zurücksetzen. Schieben Sie dazu den **Hold**-Schalter einmal hin und her und halten Sie dann gleichzeitig die Taste **Menu** und die Mitteltaste für mindestens sechs Sekunden gedrückt (der iPod darf natürlich nicht auf **Hold** stehen). Der iPod startet daraufhin neu. Es dauert eine Weile, bis das Menü erscheint.

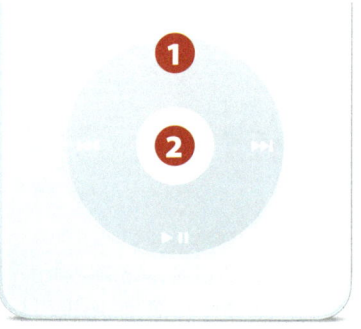

Drücken Sie einige Sekunden gleichzeitig auf die **Menu-** ❶ und die **Mitteltaste** ❷. Lassen Sie los, sobald das Apple-Logo im Display erscheint.

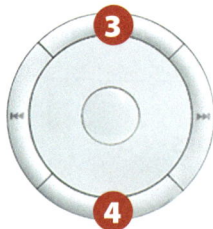

Besitzen Sie einen iPod der ersten oder zweiten Generation, drücken Sie die Tasten **Menu** ❸ und **Wiedergabe/Pause** ❹, um den iPod zu resetten.

Verwenden Sie die Tasten **Menu** ❺ und **Wiedergabe/Pause** ❻ auf iPods der dritten Generation, um diese zurückzusetzen.

Ein iPod shuffle wird bei jedem Ausschalten zurückgesetzt. Schieben Sie den Schalter auf **Off** und anschließend auf **On**. Das gilt auch für den iPod shuffle der ersten Generation.

Der Akku

Häufig klagen iPod-Benutzer darüber, dass der Akku schnell leer ist. Zugegeben, der Akku bleibt immer der Schwachpunkt des iPod. Das gilt besonders für die älteren Modelle. Der iPod mini der ersten und der iPod der dritten Generation waren mit einem weniger guten Akku ausgestattet. Heutzutage besitzen die iPods Akkus, die mehr Strom liefern und daher länger halten. Wenn Sie bemerken, dass sich Ihr Akku immer schneller entlädt, kann dieses Problem auf verschiedene Arten gelöst werden.

Häufig scheint ein Austausch des Akkus die Lösung zu sein, was jedoch nicht immer nötig ist. Es kann nämlich auch an der Firmware des iPod liegen. Aufgrund eines Softwarefehlers gibt der iPod dann an, dass der Akku leer ist und schaltet sich selbst aus, während dies tatsächlich nicht der Fall ist. Bevor Sie den Akku austauschen, sollten Sie daher immer die Firmware aktualisieren. Bringt die neue Firmware keine Besserung, kann der Akku erneuert werden, was zunehmend preiswerter wird. Der Akku selbst kostet rund zwanzig Euro und mit einigermaßen technischer Begabung und Geschick bauen Sie diesen selber ein.

Hilfe! Ich sehe ein trauriges Gesicht!

Wenn Ihr iPod ein trauriges Gesicht macht, bedeutet das meist nichts Gutes. Die Wahrscheinlichkeit, dass die Festplatte, eines der wichtigsten Bauteile, kaputt ist, ist nämlich ziemlich groß. Wenn Sie gut hinhören (legen Sie den iPod an Ihr Ohr), können Sie die Festplatte manchmal klappern hören. Bei normalem Gebrauch geht die Festplatte selten kaputt. Meistens liegt es daran, dass der iPod heruntergefallen ist. Ist der iPod nicht mehr innerhalb der Garantie, lohnt es sich oft nicht, den iPod mit einer neuen Festplatte auszustatten. In Anbetracht der hohen Kosten einer neuen Festplatte und den zusätzlichen Kosten für den Austausch ist es häufig günstiger, einen neuen iPod zu kaufen.

Ein traurig blickender iPod bedeutet meist nichts Gutes.

Hilfe! Ich sehe einen Ordner mit einem Ausrufezeichen!

Wenn der iPod keine Software hat, erscheint das Symbol eines Ordners mit einem Ausrufezeichen im Display. Während der iPod an den Computer angeschlossen war, ist möglicherweise die Software versehentlich gelöscht oder die Festplatte formatiert worden. Der iPod muss dann mithilfe eines Computers wieder mit neuer Firmware (Software) versehen werden. Laden Sie dazu die neueste Version von iTunes von www.apple.com/de/itunes herunter.

Der Ordner mit Ausrufezeichen zeigt wahrscheinlich an, dass der iPod versehentlich formatiert wurde.

1. Schließen Sie den iPod mit dem mitgelieferten Kabel an den Computer an.

2. Wählen Sie den iPod in der Liste **Quelle** in iTunes.

3. Klicken Sie im Übersichtsfenster des iPod in **Wiederherstellen**. Der iPod wird daraufhin neu formatiert und mit der neuesten Software versehen, was eine Weile dauern kann. Folgen Sie den Anweisungen auf dem Bildschirm.

Achtung: Beim Wiederherstellen eines iPod werden alle Daten vom iPod gelöscht!

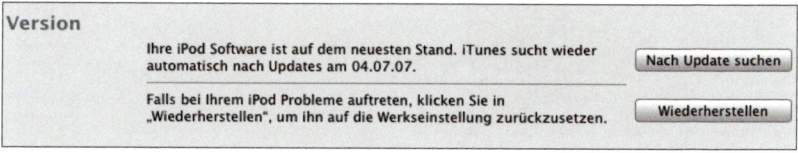

Im Übersichtsfenster des iPod können Sie die Software des iPod wiederherstellen.

Sie dürfen den iPod nicht trennen, solange es auf dem Computer und iPod noch nicht angegeben wird. Tun Sie es trotzdem, riskieren Sie irreparable Schäden an der Festplatte oder Software des iPod. Klicken Sie in **Nach Update suchen**, bevor Sie die Firmware aktualisieren. Auch hier gilt, dass der iPod nicht getrennt werden darf, bevor dies angezeigt wird. Weitere Informationen zum Aktualisieren der Firmware finden Sie in diesem Kapitel im Abschnitt „iTunes updaten" auf Seite 138.

9

Zubehör

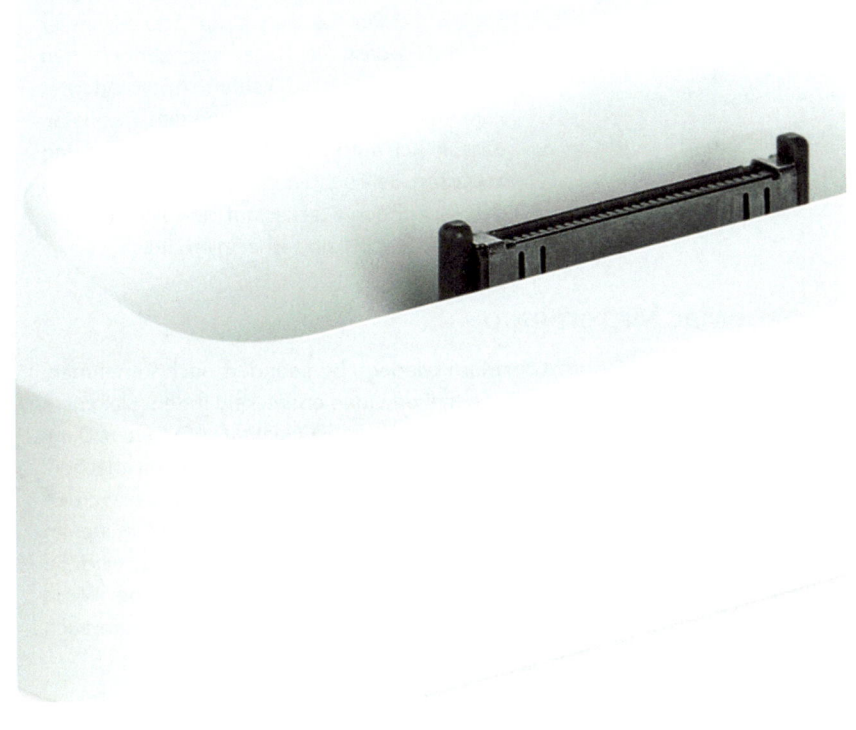

Für den iPod sind zahlreiche verschiedenartige Zuberhörteile erhältlich. Denn oft bleibt es nicht beim iPod allein. Viele Hersteller reagieren auf den Erfolg des iPod und bieten eigenes Zubehör an. Da die Auswahl an Accessoires so groß ist, behandeln wir in diesem Buch nur die praktischsten, schönsten und auffälligsten Zubehörteile.

Apple USB-Adapter

Es macht heute keinen Unterschied mehr, ob Sie den teuersten oder preiswertesten iPod kaufen: Der Adapter, mit dem Sie den iPod einfach an der Steckdose aufladen können, wird nicht mehr mitgeliefert. Seit Ende 2006 hat Apple die Ladegeräte durch noch kleinere ersetzt. Beim Kauf der iPods ist ein USB-Kabel im Lieferumfang enthalten. Der iPod wird geladen, indem er mithilfe dieses Kabels an den Computer angeschlossen wird.

Wenn der iPod intensiv genutzt wird, sollten Sie einen Adapter anschaffen. Hiermit können Sie den iPod an jeder Steckdose aufladen. Abgesehen davon, dass Sie unabhängig vom Computer sind, erfolgt der Ladevorgang auch schneller als am Computer. Es ist sowohl ein Apple USB-Adapter sowie ein FireWire-Adapter auf dem Markt erhältlich. Das mit dem iPod ausgelieferte USB- oder FireWire-Kabel (abhängig von Ihrem iPod-Modell) wird zum Anschließen des iPod an den Adapter verwendet.

Der Apple USB-Adapter

Die neuen iPods werden alle mit einem USB-Kabel ausgeliefert. Nur wenn Sie einen älteren iPod haben, müssen Sie einen FireWire-Adapter kaufen. Lassen Sie sich beim Apple-Händler beraten, sodass Sie sicher sein können, den richtigen Adapter zu kaufen. Apple-Adapter können weltweit eingesetzt werden. Das heißt, dass sie sich automatisch an die Netzspannung anpassen. Je nach Land schieben Sie einfach den passenden Stecker auf den Adapter. Zusätzliche Stecker sind einzeln erhältlich.

XtremeMac Micromemo

Mit dem iPod können Sie nicht nur Musik wiedergeben, sondern auch aufnehmen. Das Micromemo wurde speziell für den iPod video entwickelt. Indem Sie dieses kleine Gerät unter den iPod klicken, können Sie in CD-Qualität aufnehmen. Dank seiner großen Festplatte können Sie zudem sehr lange Aufnahmen machen, ohne je wieder ein Band auswechseln zu müssen. Alle Aufnahmen werden mit Datum und Uhrzeit gespeichert. Die Aufnahmen landen in einer neuen Wiedergabeliste, die bei der ersten Aufnahme automatisch angelegt wird. So finden Sie jederzeit einfach Ihre gerade aufgenommenen Dateien wieder. Wenn Sie den iPod mit dem Computer verbinden, können Sie die Aufnahmen auch auf dem Computer speichern. Das mitgelieferte Mikrofon hat eine gute Qualität. Wenn Sie jedoch sehr kritisch sind und beispielsweise eine gute Aufnahme von einem Musikinstrument machen möchten, können Sie immer noch ein separates (externes) Mikrofon anschließen. Das XtremeMac Micromemo kostet um die fünfzig Euro und ist in Schwarz und Weiß erhältlich.

Für große iPods ohne Videofunktion sind andere Auf-nahmegeräte erhältlich. In CD-Qualität können Sie aller-dings nur mit dem iPod video aufnehmen. Wenn Sie einen älteren iPod besitzen, können Sie mithilfe eines Aufnahmegeräts im mp3-Format aufnehmen. Auf iPods der fünften und dem iPod nano der ersten Generation lassen sich leider keine Aufnahmen machen.

Nehmen Sie Interviews einfach
mit dem Micromemo auf.

Sport mit dem iPod

Ein iPod kann bestens beim Sport eingesetzt werden. Besonders die kleine-ren iPods wie der iPod nano und shuffle sind gut geeignet, weil sie bei Er-schütterungen nicht springen. Apple ging eine Partnerschaft mit dem Sport-artikelhersteller Nike ein. Nike entwickelte Sportschuhe mit einem kleinen eingebauten Sensor, der drahtlos mit einem kleinen Gerät kommuniziert, das Sie unter den iPod nano klicken. So können Sie auf dem iPod nano Informationen zu Ihrem Trainingsprogramm anzeigen. Wieder zu Hause können Sie die Infor-mationen in aller Ruhe analysieren. Sobald Sie den iPod nano anschließen, werden automatisch alle Informationen auf Ihren Computer kopiert. Einzigartig ist, dass während des Trainings eine Stimme mit Ihnen spricht. Dadurch wissen Sie genau, welche Distanz Sie noch zurücklegen oder wie lange Sie noch laufen müssen. Übrigens gibt es hierzu auch ein Buch: „Nike + iPod", Markt+Technik, 2007.

Die von Nike entwickelten Laufschuhe für die
Kommunikation mit Ihrem iPod nano.

Schutz

Natürlich versuchen Sie, vorsichtig mit Ihrem iPod umzugehen. Für den perfekten Schutz sind verschiedene Hüllen auf dem Markt, deren Gebrauch bei manchen Modellen wichtiger ist als bei anderen. Die iPods der fünften Generation (video) sind bekannt dafür, dass sie leicht verkratzen. Dasselbe gilt für den iPod nano der ersten Generation, der an der silbernen Rückseite zu erkennen ist. Dieses Modell verkratzte so leicht, dass Apple in Amerika wegen der Auslieferung eines untauglichen Produkts verklagt wurde. Apple hat diesen Fehler mehr oder weniger zugegeben, denn seitdem wird eine kostenlose Hülle mitgeliefert. Bei der Entwicklung der zweiten Generation hat Apple die Oberfläche deutlich verbessert. Das Gehäuse ist jetzt aus Metall statt aus Kunststoff und verkratzt dadurch kaum noch.

Eine Hülle ist jedoch vor allem beim Sport praktisch, für die meisten Modelle sind spezielle Sporthüllen erhältlich. Da es so viele verschiedene Modelle gibt, empfehlen wir, einen Apple-Händler zu besuchen und sich dort zu informieren.

Den iPod an die Stereoanlage anschließen

Jeder iPod kann an eine Stereoanlage angeschlossen werden. Hierfür benötigen Sie lediglich ein Miniklinke-auf-Cinch-Kabel, das für fast jede Stereoanlage ausreicht. Schließen Sie die Miniklinke dort an, wo normalerweise der Kopfhörer sitzt. Es ist wichtig, die Lautstärke des iPod so hoch wie möglich einzustellen, damit Sie die Lautstärke der Stereoanlage nicht so weit aufdrehen müssen. Jeder europäische iPod hat eine Lautstärkebegrenzung, sodass Sie Ihrem Gehör nicht schaden können. Daher wird die Lautstärke, die zur Anlage weitergeleitet wird, nie sehr hoch sein. Auch wenn Sie die Lautstärke Ihres iPod erhöhen, wird die Klangqualität nie besonders gut sein.

Es ist daher am besten, ein Dock zu verwenden. Ein Dock ist eine Art Halterung, in die der iPod gestellt wird. Mit dem Dock können Sie den iPod laden, aber eben auch an eine Stereoanlage anschließen. An der Rückseite des Dock befindet sich nämlich ein Audioausgang (line-out). Der Anschluss sieht genauso aus, wie der an der Oberkante des iPod. Der einzige Unterschied ist, dass Sie nichts mit der Lautstärkebegrenzung zu tun haben. Der Audioausgang gibt immer den besten Klang so laut wie möglich an die Stereoanlage weiter. Sie müssen daher die Lautstärke der Stereoanlage nicht erhöhen.

Das Dock ist in verschiedenen Größen erhältlich. Das Universal Dock von Apple kann mithilfe verschiedener Aufsätze fast jeden iPod aufnehmen. Wenn Sie ein für Ihr iPod-Modell unpassendes Dock verwenden, entsteht möglicherweise ein Spielraum, wodurch der Dock-Anschluss Schaden nehmen kann. Achten Sie daher immer darauf, das zu Ihrem iPod passende Dock zu verwenden. Wenn Sie Ihren iPod versehentlich in ein anderes Dock setzen und bemerken, dass dieser nicht fest sitzt, passen Sie auf, nicht zu fest darauf zu drücken.

Das Dock, in das Sie den iPod stellen können, um ihn bequem zu laden und an eine Stereoanlage anzuschließen. Oben sehen Sie die Anschlüsse auf der Oberseite des Dock.

Apple AV-Kabel

Der iPod photo oder der iPod der fünften Generation (im Volksmund iPod video genannt) kann an ein Fernsehgerät angeschlossen werden, um Fotos oder Filme vorzuführen. Sie benötigen hierzu ein Apple AV-Kabel, das an den Kopfhöreranschluss passt. Am anderen Ende des Kabels befinden sich drei Stecker, die Sie an Ihr Fernsehgerät anschließen.

Fernbedienung

Es sind zwei verschiedene Typen von Fernbedienungen erhältlich, eine, die in das Kopfhörerkabel integriert ist, und eine drahtlose Fernbedienung. Die in das Kopfhörerkabel integrierte Fernbedienung ist vor allem praktisch für unterwegs. Sie können dann z.B. schnell zum folgenden Titel springen oder die Lautstärke ändern, ohne den iPod aus der Tasche zu holen. Die drahtlose Fernbedienung ist praktisch, wenn der iPod an eine Stereoanlage angeschlossen ist. Sie können dann von Ihrem Sessel aus den iPod bedienen. Auch diese Fernbedienung ist in verschiedenen Ausführungen erhältlich.

Apple Radio Remote

Manchmal ist es lästig, den iPod aus der Tasche zu holen, wenn Sie ihn bedienen möchten, z.B. beim Spaziergang. Speziell für diejenigen, die den iPod überall einfach bedienen können möchten, hat Apple die Radio Remote für den iPod video und nano herausgebracht. Das ist eine Fernbedienung, die in das Kabel des Kopfhörers integriert ist und die am häufigsten gebrauchten Funktionen enthält. Dazu kommt, dass in der Fernbedienung ein Radioempfänger eingebaut ist. So können Sie nicht nur die Musik von Ihrem Computer hören, sondern auch herkömmliche Radiosender. Nie zuvor war es möglich, auf dem iPod Radio zu hören. Hier hatten einige Konkurrenten die Nase vorn, was nun der Vergangenheit angehört.

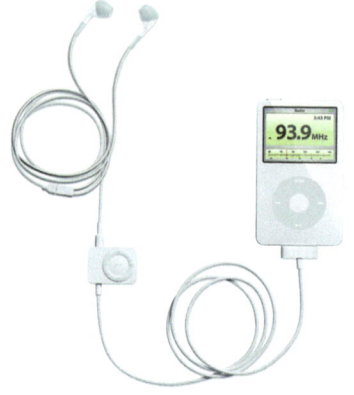

Hören Sie mit der Apple Radio Remote auch Radio auf dem iPod. Stellen Sie Ihre Lieblingssender ein und empfangen Sie sogar *RDS*.

Die Apple Remote

Auch Apple hat den Erfolg drahtloser Fernbedienungen erkannt und eine eigene Fernbedienung herausgebracht, die in Kombination mit dem Universal Dock funktioniert. In dieses Dock ist eine Infrarotschnittstelle eingebaut. Die Apple Remote hat den Vorteil, dass sie sehr flach ist, sie ist aber leider nur mit dem Universal Dock zu verwenden. Merkwürdig ist, dass die Menütaste auf der Fernbedienung nicht funktioniert. Diese funktioniert nur, wenn die Fernbedienung mit einem Apple-Computer verwendet wird, dessen Fernbedienung identisch ist.

Das Stereo Connection Kit

Möchten Sie eine Komplettlösung für den Anschluss des iPod an Ihr Fernsehgerät oder Ihre Stereoanlage? Dann ist das Stereo Connection Kit vielleicht etwas für Sie. In diesem Paket finden Sie alles, was Sie dafür benötigen. Sie sind für jeden Fall gerüstet. Dieses Paket enthält die Apple Remote, ein Apple AV-Kabel, ein Apple Universal Dock, ein USB Dock-Connector sowie ein Apple USB-Ladegerät.

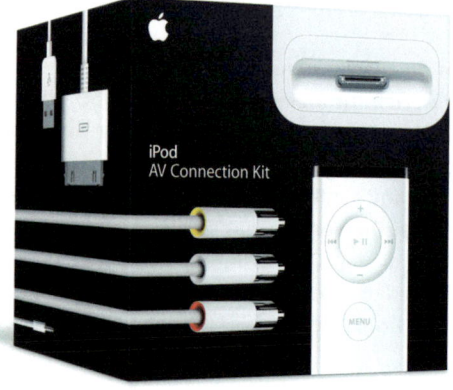

Alle Teile für das Anschließen an die Stereoanlage oder den Fernseher in einem praktischen Paket

Wenn Sie keine Stereoanlage besitzen, können Sie auch Lautsprecher kaufen, die speziell für den iPod entwickelt wurden. Das sind meist Lautsprecher, die man bequem mitnehmen und von daher auf Reisen oder zu Hause einsetzen kann.

iPod Hi-Fi

Es ist natürlich am schönsten, Musik zusammen mit anderen zu hören. So muss Apple bei der Entwicklung von iPod Hi-Fi auch gedacht haben, da dessen Lautsprecher ihrem Namen alle Ehre machen und einen überraschend tiefen Bass haben, den man eher bei einer größeren Stereoanlage erwarten würde. Außerdem hat die Anlage ein Batteriefach, das sechs Mono-Batterien aufnimmt. Das ermöglicht es, an jedem gewünschten Ort Musik zu genießen. An der Oberseite befindet sich ein Dock, in das Sie jeden iPod mit Dock-Anschluss an der Unterseite einfach anschließen können. Er wird dabei gleichzeitig auch aufgeladen. Über den auf der Rückseite befindlichen Audioeingang können Sie sogar eine andere Soundquelle anschließen. Egal, ob es sich dabei um eine Playstation oder Ihren alten Walkman handelt, allerlei Geräte profitieren von der außerordentlichen Klangqualität des iPod Hi-Fi. Zum Lieferumfang von iPod Hi-Fi gehört eine Apple Remote-Fernbedienung.

Das iPod Hi-Fi

JBL On Stage II

JBL hält mit dem On Stage II eine Erfolgsformel in Händen. Der bekannte Lautsprecherhersteller hat damit einen Nachfolger des früheren On Stage herausgebracht. Seit kurzem ist der On Stage II in den Läden. Wenn Sie ein kleines, einfach mitzunehmendes Soundsystem suchen, ist der JBL On Stage II zu empfehlen. Trotz seiner kleinen Abmessungen klingt er sehr gut. Das Äußere des neuen On Stage II wurde optimiert, zudem wird er jetzt mit einer Fernbedienung ausgeliefert. Er hat einen runden Lautsprecher, der jeden iPod mit Dock-Anschluss aufnimmt. Der iPod wird dabei gleichzeitig geladen. Der einzige Nachteil ist, dass er nur mit einem Adapter verwendet werden kann. Es gibt kein Fach für Batterien, falls Sie ohne Stromversorgung sind. Der Lautsprecher ist perfekt für das Schlafzimmer oder einen anderen kleineren Raum geeignet, wo die Musik nicht sehr laut sein soll.

Um die Nachfrage nach einem tragbaren Lautsprecher mit Batterien zu befriedigen, stellt JBL auch das On Stage micro her. Dieses ist kleiner und dadurch leicht mitzunehmen. Da es mit Batterien läuft, ist es perfekt für Reisen geeignet. Ein schöner Nebeneffekt ist, dass auch hier eine Fernbedienung mitgeliefert wird.

Bose Sounddock

Das Bose Sounddock ist ein sehr schön gestaltetes System, das das Zeug dazu hat, eine Stereoanlage in die Abstellkammer zu verbannen. Die Lautsprecher klingen selbst bei lauter Wiedergabe noch sehr gut. Das Bose Sounddock wird mit einer sehr flachen Fernbedienung geliefert, die einer Kreditkarte ähnelt. Hiermit können die wichtigsten Funktionen des iPod bedient werden. Der Nachteil ist, dass dieses System nicht mit Batterien läuft.

Ein schöner Entwurf
und ein toller Sound

Harman Kardon Go + Play

Die vor allem in der Hi-Fi-Welt bekannte Marke Harman Kardon begibt sich derzeit auch erfolgreich auf den Markt der iPod-Lautsprecher. Der gewagte Entwurf des Go + Play macht es beinahe unmöglich, keine Meinung dazu zu haben. Eines ist aber sicher, er klingt sehr gut. Wir persönlich finden, dass er von den hier vorgestellten der am besten klingende Lautsprecher ist. Zudem läuft er sowohl mit Netzstrom als auch mit Batterien.

Camera Connector

Seit der Entwicklung des iPod photo ist es möglich, Ihre Digitalkamera mit dem iPod zu verbinden. Sie können dann mithilfe eines kleinen, einzeln erhältlichen Geräts (wo Sie auch sind) Ihre Fotos auf den iPod übertragen. Das Problem voller Kameraspeicherkarten gehört damit der Vergangenheit an. Sie haben keine Ausrede mehr, Fotos nicht in bester Auflösung zu schießen.

Das Gerät zum Verbinden einer Digitalkamera mit einem iPod heißt Camera Connector. Der Camera Connector wird über den Dock-Anschluss mit dem iPod verbunden. Der Camera Connector hat auch einen USB-Anschluss, an den Sie die Digitalkamera anschließen. Fast alle bekannten Kamerahersteller werden unterstützt. Im Internet finden Sie eine Liste mit allen Kameras, die erfolgreich mit dem Camera Connector getestet wurden.

Leider funktioniert der Camera Connector nicht mit allen iPods, sondern nur mit allen großen iPods mit Farbdisplay. Demnach ist es nicht möglich, ihn mit dem iPod nano zu verwenden.

Der iPod im Auto

Im Auto ständig die CD zu wechseln oder endlos nach einem Radiosender zu suchen, der Ihre Lieblingstitel spielt, kann lästig sein. Der iPod ist in dem Fall natürlich eine tolle Lösung. Aber wie können Sie eigentlich einen iPod im Auto einsetzen? Das ist eine häufig gestellte Frage, die nicht pauschal beantwortet werden kann. Es hängt nämlich von der Anlage in Ihrem Auto ab.

Den iPod laden und Musik wiedergeben

Einen iPod im Auto aufzuladen, kann sehr praktisch sein. Denn es gibt natürlich nichts Schlimmeres als einen iPod mit leerem Akku. Ist Ihr Auto mit einem 12-Volt-Zigarettenanzünder ausgerüstet, können Sie mit einem Auto-Ladegerät jeden iPod mit Dock-Anschluss aufladen (es ist daher nicht möglich, den iPod shuffle im Auto zu laden). Verschiedene Auto-Ladegeräte sind erhältlich. Die teureren Geräte haben einen separaten Audioausgang.

Der Audioausgang ist ein Anschluss, der Audiosignale an die Anlage weitergibt. Mit einem einzeln erhältlichen Kabel zwischen dem Audioausgang auf dem Auto-Ladegerät und dem Audioeingang der Auto-Anlage können die Signale vom iPod über die Lautsprecher des Autos ausgegeben werden. Natürlich kann auch der Kopfhöreranschluss für die Verbindung zwischen iPod und Autoradio verwendet werden. Das Klangvolumen ist dann allerdings weniger laut, weil jeder (europäische) iPod mit einer Lautstärkebegrenzung versehen ist. Für den Gebrauch mit Kopfhörern ist das sehr praktisch. Man sollten dem Hersteller des iPod in einigen Jahren dankbar dafür sein. Im Auto ist das jedoch weniger schön. Es entsteht nämlich ein großer Lautstärkeunterschied zwischen z.B. dem Radio und dem iPod. Wenn Sie also zuerst Musik vom iPod über die Anlage hören und anschließend das Radio anschalten, ist dieses viel zu laut. Sie können sich vorstellen, was passiert, wenn schon die Musik vom iPod laut ist und Sie dann zum Radio umschalten, ohne die Lautstärke zu verringern. Sie sollten den iPod daher vorzugsweise über das Dock anschließen.

Jedes Autoradio ist anders. Die neuesten Autoradios besitzen einen Anschluss, mit dem Sie die Musik von einem iPod über die Lautsprecher des Autos wiedergeben können. Dieser Anschluss heißt *line-in* oder *aux*. Bevor Sie zum Händler gehen, sollten Sie nachsehen, ob Ihr Autoradio einen solchen Anschluss hat. Sie finden diese Information in der Betriebsanleitung. Nehmen Sie diese notfalls mit in den Laden, wenn Sie nicht sicher sind.

Kassettenadapter

Besitzt Ihr Autoradio keinen Audioeingang, müssen Sie nach einer anderen Lösung suchen. In älteren Autoradios können häufig noch Kassetten abgespielt werden. Es gibt spezielle Kassetten, die Sie an den iPod anschließen können. Die Musik vom iPod wird dann über die Kassette wiedergegeben. Es ist praktisch und obendrein preiswert. Eine solche Kassette verdient schon für ihr Äußeres keinen Preis und leider können Sie von einer Kassette auch nicht die beste Klangqualität erwarten.

iTrip

Wenn Sie einen CD-Player im Auto haben, gibt es leider keine dem Kassetten-adapter vergleichbare Lösung. Eine Alternative stellt jedoch der iTrip dar. Dabei handelt es sich um einen FM-Sender. Indem Sie dieses Gerät mit Ihrem iPod verbinden, können Sie die Musik vom iPod auf der von Ihnen festgelegten Frequenz senden. Wenn Sie dann im Autoradio diese Frequenz einstellen, empfangen Sie die Musik von Ihrem iPod. Leider ist die Reichweite des iTrip sehr gering. Die Antenne darf nicht zu weit vom iTrip entfernt sein. Der iTrip kann praktisch sein, vor allem, weil er völlig drahtlos ist.

Der iTrip, um per FM-Signal die Musik vom iPod über die Autolautsprecher wiederzugeben

Drive + Play

Die in der Hi-Fi-Welt renommierte Marke Harman Kardon entwickelte Drive + Play, ein System, mit dem Sie Ihren iPod an jedes Autoradio anschließen können. Außerdem werden ein separates Display und eine Fernbedienung mitgeliefert, sodass keine gefährlichen Situationen entstehen können, weil Sie nur mit einer Hand lenken und mit der anderen den iPod bedienen. Der iPod wird über den Audioausgang oder mit einem sogenannten FM-Regler an das Autoradio angeschlossen. Indem der FM-Regler am Antenneneingang des Autoradios befestigt wird, können Sie die Musik auf der gewünschten Frequenz empfangen, ohne dass diese tatsächlich über UKW ausgesendet wird.

Beschreibung	Mac*	Windows
Den ausgewählten Titel direkt wiedergeben	[↵]	[↵]
Wiedergabe eines Titels stoppen	Leertaste	Leertaste
Zum folgenden oder vorherigen Titel in einer Liste wechseln	[→] oder [←]	[→] oder [←]
Vorwärts- und Rückwärtsbewegen innerhalb eines Titels	[⌘]-[⌥]-[→] oder [←]	[Strg]-[Alt]-[→] oder [←]
Alle Titel auswählen	[⌘]-[A]	[Strg]-[A]
Alle Titel auswählen oder Auswahl aufheben	[⌘]-Klick in das Markierungsfeld	[Strg]-Klick in das Markierungsfeld
Eine neue Wiedergabeliste erstellen	[⌘]-[N]	[Strg]-[N]
Eine Wiedergabeliste aus einer Auswahl erstellen	[⇧]-Klick in Hinzufügen (+)	[Alt]-Klick in Hinzufügen (+)
Die Reihenfolge der Titel in einer Wiedergabeliste ändern	[⌥]-Klick in Zufällige Wiedergabe	[Alt]-Klick in Zufällige Wiedergabe
Titel zur Bibliothek hinzufügen	[⌘]-[O]	[Strg]-[O]
Miniplayer anzeigen	[Ctrl]-[⌘]-[Z]	[Strg]-[M]
Den aktuellen Titel in der Liste auswählen	[⌘]-[L]	[Strg]-[L]
Speicherort eines Titels anzeigen	[⌘]-[R]	[Strg]-[R]
Die Titelinformationen einblenden	[⌘]-[I]	[Strg]-[I]
Die Titelinformationen des folgenden oder vorherigen Titels anzeigen	[⌘]-[N] oder [⌘]-[P]	[Strg]-[N] oder [Strg]-[P]
Das Suchfeld auswählen	[⌘]-[⌥]-[F]	[Strg]-[Alt]-[F]
Verhindern, dass der iPod beim Anschließen automatisch aktualisiert wird	[⌘]-[⌥] während des Anschließens gedrückt halten	[Strg]-[Alt] während des Anschließens gedrückt halten
Die Lautstärke erhöhen oder verringern	[⌘]-[↑] oder [↓]	[Strg]-[↑] oder [Strg]-[↓]
Eine CD auswerfen	[⌘]-[E]	[Strg]-[E]
Zwischen bildschirmfüllender Wiedergabe und Anzeige im Fenster von visuellen Effekten, Cover Flow oder Videos wechseln	[⌘]-[F]	[Strg]-[F]
Öffnen der iTunes Hilfe	[⌘]-[?]	[Strg]-[?]

Index